UNIVERSITÉ DE PARIS. — FACULTÉ DE DROIT

DES INFRACTIONS

A LA

LOI SUR LA PRESSE

EN MATIÈRE ÉLECTORALE

THÈSE POUR LE DOCTORAT

Présentée et soutenue le mardi 21 novembre 1899, à 1 heure

PAR

GEORGE AUBERT

JUGE SUPPLÉANT AU TRIBUNAL CIVIL DE CHARTRES

Président : M. SALEILLES.

Suffragants : { MM. LEVEILLÉ, *professeur.*
GARÇON, *agrégé.*

PARIS

LIBRAIRIE NOUVELLE DE DROIT ET DE JURISPRUDENCE

ARTHUR ROUSSEAU, ÉDITEUR

14, RUE SOUFFLOT ET RUE TOULLIER, 13

1899

THÈSE

POUR LE DOCTORAT

UNIVERSITÉ DE PARIS. — FACULTÉ DE DROIT

DES INFRACTIONS

A LA

LOI SUR LA PRESSE

EN MATIÈRE ÉLECTORALE

THÈSE POUR LE DOCTORAT

L'ACTE PUBLIC SUR LES MATIÈRES CI-APRÈS
Sera soutenu le mardi 21 novembre 1899, à 1 heure

PAR

Georgᴇ AUBERT

JUGE SUPPLÉANT AU TRIBUNAL CIVIL DE CHARTRES

Président : M. SALEILLES.

Suffragants : { MM. LEVEILLÉ, *professeur.*
GARÇON, *agrégé.*

PARIS

LIBRAIRIE NOUVELLE DE DROIT ET DE JURISPRUDENCE

ARTHUR ROUSSEAU, ÉDITEUR

14, RUE SOUFFLOT ET RUE TOULLIER, 13

1899

A LA MÉMOIRE DE MA MÈRE

A MON PÈRE

DES INFRACTIONS A LA LOI SUR LA PRESSE

EN MATIÈRE ÉLECTORALE

INTRODUCTION

Les questions électorales ont une importance capitale : elles intéressent en effet essentiellement l'ordre et la direction d'un pays, car c'est grâce à la qualité du recrutement de ses représentants que ce pays pourra vivre et prospérer.

Chaque nation a sa constitution propre ; le choix de cette dernière dépendra le plus souvent des habitudes, du caractère et des mœurs des nationaux.

Or, s'il est nécessaire de donner à un pays, une représentation qui soit compatible avec ses intérêts, il est utile aussi et même indispensable d'établir pour l'élection de ses représentants des règles qui soient égales pour tous, et de les faire respecter. Cette mission est confiée à la justice.

Dans un pays comme le nôtre, où le suffrage universel règne en maître, le législateur devait réglementer d'une façon spéciale les moyens par lesquels les candidats pouvaient s'adresser à leurs électeurs. Il ne l'a fait qu'incidemment dans la loi du 29 juillet 1881. Celle-ci renferme, à notre avis, cachée au milieu de ses dispositions si nombreuses, touchant l'organisation et la liberté de la presse, toute une mine de questions relatives aux matières électorales. Nous avons pensé qu'il serait bon d'en rassembler les éléments disséminés et d'essayer, par une étude approfondie, de les mettre en relief. C'est dans ce but que nous examinerons tout d'abord quelles sont les formalités que doivent accomplir les candidats avant de soumettre leurs proclamations, leurs bulletins et affiches à l'appréciation de leurs électeurs. Puis nous traiterons de la liberté de l'affichage électoral et des restrictions que le Parlement, après de nombreuses discussions, a cru devoir y apporter. Enfin nous examinerons la question de la diffamation et de l'injure et nous verrons, par une étude détaillée de la jurisprudence à ce sujet, jusqu'où peut aller la discussion en temps d'élections.

CHAPITRE PREMIER

DES DÉLITS CONTRAVENTIONNELS COMMIS EN MATIÈRE ÉLECTORALE.

Aperçu sommaire.

Nous pensons qu'il est utile, avant d'entrer dans l'étude détaillée de cette matière, de dire quelques mots de la nature de certaines infractions que des auteurs ont voulu faire rentrer dans une catégorie spéciale, sous le nom de délits contraventionnels.

La théorie des délits contraventionnels est née, à l'occasion d'infractions prévues par des lois spéciales, postérieures au Code pénal, et qui, sans que l'on ait à tenir compte de la bonne foi de l'agent, sont punies de peines correctionnelles.

L'article 1er du Code pénal divise en effet les infractions en trois classes : 1° le *crime* qui est toute infraction punie d'une peine afflictive et infamante ;

2° le *délit*, infraction punie d'une peine correctionnelle ;

3° la *contravention*, infraction punie d'une peine de simple police.

Qu'étaient-ce donc alors que ces infractions, sembla-

bles par leur nature à des contraventions, et qui cependant relevaient de la compétence correctionnelle ?

Fallait-il les ranger dans la classe des délits, conformément à l'article 1er du Code pénal : devait-on dire au
contraire, comme l'avait pensé M. Bertauld (1), « que la
définition de l'article 1er, qui est d'une exactitude rigou-
reuse pour les infractions prévues par le Code pénal,
comporte des exceptions pour certaines infractions que
des lois spéciales punissent de peines correctionnelles ?

On a sur cette matière beaucoup disserté, beaucoup
discuté. Après de nombreuses hésitations, les auteurs
sont tombés d'accord cependant pour abandonner cette
théorie, et reconnaître à l'article 1er une portée très
générale : désormais, on le considère autrement que
comme édictant une règle de compétence ; sans s'atta-
cher à la recherche du caractère de l'infraction, on
envisagera seulement la pénalité édictée par la loi.

N'était-ce pas déjà la pensée de Treilhard lorsqu'il
s'exprimait ainsi dans son exposé des motifs. « Désormais le mot *crime* désignera les attentats contre la société,
qui doivent occuper les cours criminelles. Le mot *délit*
sera affecté aux désordres moins graves qui sont du
ressort de la police correctionnelle. Enfin, le mot *contravention* s'appliquera aux fautes de simple police. »

L'énumération des délits contraventionnels commis
en matière électorale et réprimés par la loi sur la presse

_____

(1) Bertauld, *Cours de Code pénal*, p. 116.

n'est pas facile à établir. Les avis sont partagés en ce qui concerne quelques-unes de ces infractions. Cependant, nous pouvons, en nous inspirant avec M. Barbier (1) des précédents législatifs et judiciaires, classer au nombre des délits contraventionnels toutes les infractions (autres que celles frappées de simple police) prévues par les trois premiers chapitres de la loi du 29 juillet 1881, concernant la police générale de l'imprimerie et de la librairie, de la presse périodique, de l'affichage et du colportage. C'est ainsi que sont déférées aux tribunaux correctionnels :

1° Les infractions aux prescriptions concernant le dépôt par l'imprimeur des exemplaires destinés aux collections nationales (art. 3).

Nous verrons dans la suite que l'article 3 *in fine* ne dispense de cette formalité que les bulletins de vote et qu'il impose par conséquent le dépôt administratif pour les circulaires, professions de foi, placards électoraux, manifestes, etc. (2).

2° Le refus d'insertion des réponses adressées par les particuliers (art. 13).

3° L'enlèvement, la lacération ou l'altération, par un fonctionnaire ou agent de l'autorité, d'affiches électorales émanant de simples particuliers (art. 17, § 2 et 4).

Quant à la diffamation et à l'injure envers les parti-

(1) Barbier, *Code de la presse*, t. 1, p. 199.
(2) Circ. min. intér., 10 avril 1884 ; circ. minist. intér., 9 septembre 1885.

culiers (art. 32 et 33, § 2), nous verrons que, malgré certaines objections qui ont été formulées au moment de la discussion de la loi, les règles qui les concernent doivent être suivies en matière électorale comme en matière ordinaire, et qu'elles constituent, sauf l'exception prévue par l'article 33 *in fine* (injure non publique), de véritables délits.

Notre devoir n'est pas d'étudier dans leur ensemble toutes les controverses qui se sont élevées au sujet des questions de complicité, de solidarité, de récidive, du cumul, etc., relatives à la théorie des délits contraventionnels. D'autres, plus compétents que nous pour traiter ces questions délicates, l'ont fait (1). Nous avons pensé seulement qu'il était nécessaire, avant d'aborder le détail du sujet, de préparer nos lecteurs à cette expression de délit contraventionnel qui sera souvent employée par nous au cours du traité de cette matière, ainsi qu'aux idées qui découlent de cette théorie. C'est dans ce seul but que nous avons exposé cet aperçu sommaire.

(1) Blanche, *Cours de droit pénal*, t. 1, n° 4 ; Bertauld, *Cours de droit pénal*, p. 116 ; Garraud, *Cours de droit criminel*, t. 1, n° 86, p. 134 ; Villey, *De l'intention en matière pénale*, Fr. jud., 1876, t. 1, p. 1 et 313 ; Devise, *Des délits contraventionnels* ; Raoul Lajoye, *De la bonne foi dans les contraventions*, p. 39 et suiv. ; Thibierge, *De la complicité* (étude critique), thèse, année 1898, etc...

CHAPITRE II

§ 1. — De l'indication du nom et du domicile de l'imprimeur
(Art. 2) (1).

La législation antérieure à l'article 2 de la loi du 29 juillet 1881 ne comportait aucune exception à l'obligation de la formalité prescrite.

Cependant l'administration (2) tolérait que l'on ne fît pas figurer sur les bilboquets le nom et le domicile de l'imprimeur. Ce qui n'était que toléré avant la loi de 1881 devint légal sous l'empire de cette même loi. « *Tout imprimé* doit désormais porter l'indication du nom et du domicile de l'imprimeur. » Les ouvrages dits de ville ou bilboquets en sont seuls exceptés.

Or, que faut-il entendre par bilboquets ?

La circulaire du 16 juin 1830 définit ces ouvrages :

_____

(1) *Art. 2.* — Tout imprimé rendu public, à l'exception des ouvrages dits de ville ou bilboquets, *portera l'indication du nom et du domicile de l'imprimeur*, à peine contre celui-ci d'une amende de 5 francs à 15 francs.

La peine de l'emprisonnement pourra être prononcée si dans les douze mois précédents, l'imprimeur a été condamné pour contravention de même nature.

(2) Circulaires minist. des 1er août 1810 et 16 juin 1830.

« ceux qui, imprimés pour le compte de l'administration ou destinés à des usages privés, ne sont pas susceptibles d'être répandus dans le commerce », et M. le Garde des Sceaux, dans sa circulaire du 9 novembre 1881, dit lui-même que ce sont « des imprimés destinés à des usages privés ».

C'est ainsi que nous considérons comme tels, les cartes de visite, les bulletins de mariage, de naissance, de décès, etc...

Mais, par contre, nous ne pouvons ranger dans cette catégorie et par conséquent dispenser de l'obligation de l'article 2 les circulaires, placards et manifestes électoraux ainsi que les professions de foi des candidats. Ce ne sont pas « des imprimés destinés à des usages privés » ; ils tombent donc sous le coup de la répression de la loi de 1881. La jurisprudence antérieure à l'article 2, en avait du reste décidé ainsi ; nous voyons en effet un arrêt (1) rendu par la Cour suprême le 22 août 1850 pour les circulaires invitant les citoyens à assister à une réunion publique : de même, un arrêt de la Cour de Caen (2) du 29 novembre 1849 avait soumis les placards électoraux à la même formalité, en considérant la dispense de la déclaration et du dépôt non applicable aux écrits faits dans un but politique, par exemple aux placards électoraux. Nous trouvons enfin pour les professions de foi un arrêt de rejet de la Chambre cri-

(1) Crim. cass., 22 août 1850. Aff. Tousch. D. P. 50.5.279.
(2) Caen, 29 nov. 1849, D. 50,2.32.

minelle en date du 18 décembre 1863 (1), imposant aux
imprimeurs la double obligation de déclarer et de déposer ces écrits. La loi de 1881 a maintenu la formalité
de la déclaration exigée par l'article 14 de la loi du
21 octobre 1814 ; elle est visée par l'article 7 de la nouvelle loi.

Si la jurisprudence et la doctrine n'ont jamais varié
en ce qui concerne ces sortes d'écrits, il n'en n'est pas
de même en ce qui touche les bulletins de vote.

C'est ainsi que deux arrêts de la Cour suprême des
3 juin 1836 et 16 août 1839 (2) avaient décidé que la formalité de l'indication du nom et de la demeure de l'imprimeur était obligatoire à l'égard de tout écrit destiné
à un usage public et que son application n'était pas subordonnée au plus ou moins d'étendue de l'écrit : ils
entendaient ainsi que l'écrit devait contenir le développement de quelque pensée. Moins de six ans après, la
même chambre revenait sur sa première décision, et par
un autre arrêt du 5 juillet 1845 (3) jugeait que les articles 15 et 17 de la loi du 21 octobre 1814 s'appli-
quaient à tous les imprimés énumérés dans l'article 283
du Code pénal, c'est-à-dire notamment aux bulletins
et aux affiches. C'est ainsi que, par arrêt du 11 août
1856 (1), la chambre criminelle confirmait cette der-

(1) Crim. rejet, 18 décembre 1863. Aff. Gounouilhou, D. P. 64.
1.55.
(2) D. P. 36.1.384 ; 40.1.20.
(3) Crim. cass., 5 juillet 1845, D. P. 45.1.351.
(4) Crim. cass., 11 août 1856, D. P. 56.1.93.

nière interprétation, en étendant l'application des articles 15 (1) et 17 (2), aux écrits qui n'expriment pas une production de l'esprit, et particulièrement aux simples bulletins d'élection. Cette solution était fondée principalement sur ce motif que « puisque le législateur « a cru devoir prendre des précautions contre l'indi- « gnité de certaines candidatures, il importe que l'admi- « nistration puisse porter sa surveillance sur l'impres- « sion des bulletins électoraux ». Cette jurisprudence hésitante fut fixée par la loi du 29 juillet 1881. La question de savoir si les bulletins de vote étaient dispensés de la formalité édictée par l'article 15 de la loi de 1814, fut définitivement tranchée. L'article 3 de la nouvelle loi ne confond pas en effet les bilboquets et les bulletins de vote : il dispense les premiers de l'obligation du dépôt, pour y soumettre les seconds ; il en forme en un mot deux catégories bien distinctes : la confusion désormais n'est plus possible. Les bilboquets étant seuls exceptés de l'obligation de l'article 2, les bulletins de vote doivent porter la mention du nom et du domicile de l'imprimeur, puisqu'ils rentrent dans la classe géné-

---

(1) Art. 15. L. 21 octobre 1814 : « Il y aura lieu à saisie et séques- « tre d'un ouvrage..... si chaque exemplaire ne porte pas le vrai nom « et la vraie demeure de l'imprimeur. »

(2) Art. 17. « Le défaut d'indication, de la part de l'imprimeur, de « son nom et de sa demeure, sera puni d'une amende de trois mille « francs.

« L'indication d'un faux nom et d'une fausse demeure sera punie « d'une amende de six mille francs, sans préjudice de l'emprison- « nement prononcé par le Code pénal. »

rale des écrits qui ne sont pas dispensés de cette formalité. C'est ainsi que l'a compris du reste la circulaire du ministère de la justice du 9 novembre 1881 (1).

Répression. — L'infraction réprimée par l'article 2 de la loi de 1881 est une contravention. Nous sommes en effet en présence d'une mesure essentiellement contingente, qui est due à la prudence du législateur : elle n'a, comme le fait remarquer un auteur (2), aucun caractère naturel et par conséquent sa violation ne peut engendrer qu'une pure contravention. C'est une de ces infractions qui ne pouvant pas rentrer dans le sens restreint de l'article 1er du Code pénal, consiste uniquement dans l'accomplissement ou l'inaccomplissement d'un fait.

Le tribunal de simple police est seul compétent : la bonne foi ne peut servir d'excuse : nous ne sommes pas en présence en effet d'une infraction qui n'existera pas en elle-même si l'agent démontre qu'il n'a pas eu d'intention frauduleuse : il s'agit d'une infraction dont l'unique fondement est la violation d'un texte de loi. Or on ne peut admettre l'excuse tirée de l'ignorance de l'agent, la question de preuve le plus souvent impossible à faire accordant l'impunité presque absolue à ces sortes d'infractions. Il faudra donc déclarer le fait punissable, en dehors de toute intention de fraude.

En cas de récidive, c'est-à-dire « si dans les douze

---

(1) *Bull. off. minist. Justice.* Circul. 9 novembre 1881 (Conf. Barbier, t. I, n° 12, p. 54).

(2) Thèse Déprez, *Nature juridique des contraventions*, année 1898.

mois précédents l'imprimeur a été condamné pour contravention de même nature » au lieu d'une amende de 5 francs à 15 francs, celui-ci peut être condamné à l'emprisonnement. Notons cependant que contrairement à l'article 483 du Code pénal qui exige, pour qu'il y ait récidive, que la seconde contravention relève du même fait que la première, et que toutes deux aient été commises dans le ressort du même tribunal, contrairement à cet article, cette condition n'est pas nécessaire. Le tribunal compétent sera celui du lieu où la contravention aura été commise, où l'ouvrage aura été imprimé (1).

§ 2. — Du dépôt des imprimés électoraux (art. 3) (2).

L'obligation de l'article 3 a un double but; tout d'abord un but administratif. En prescrivant de déposer deux exemplaires, la loi de 1881 envisage la nécessité d'enrichir de tout imprimé nos collections nationales : c'est là une prescription de droit public que tous les auteurs doivent observer dans un intérêt commun. Ce dépôt permettra en second lieu d'assurer la répression

----

(1) Agen, 15 mars 1843.

(2) *Art.* 3. — Au moment de la publication de tout imprimé, il en sera fait par l'imprimeur, sous peine d'une amende de 16 francs à 300 francs un *dépôt* de deux exemplaires destinés aux collections nationales.

Ce dépôt sera fait au ministère de l'Intérieur pour Paris ; à la Préfecture, pour les chefs-lieux d'arrondissement, et pour les autres villes, à la mairie.

L'acte de dépôt mentionnera le titre de l'imprimé et le chiffre du tirage. Sont exceptés de cette disposition les bulletins de vote, les circulaires commerciales, les ouvrages dits de ville ou bilboquets.

des écrits délictueux. Or, cette précaution était-elle
nécessaire en ce qui touche les imprimés dont nous
nous occupons? Fallait-il soumettre à l'obligation de
l'article 3 les circulaires, professions de foi, manifestes,
placards électoraux, et les bulletins de vote? La loi de
1881 l'a pensé pour les premiers : son silence à leur
égard est significatif : conçu en termes généraux, l'article 3 les régit ; les seconds, les bulletins de vote en sont
seuls dispensés. Pourquoi donc imposer cette obligation aux uns et en dispenser les autres ? C'est que, sans
être, comme nous l'avons vu, des bilboquets, les bulletins de vote ne tombent pas sous la nécessité d'un
contrôle permanent : la plupart du temps, le nom seul
du candidat y figure.

On n'a pas à craindre qu'ils soient des écrits délictueux comme les circulaires et autres imprimés électoraux pourraient l'être. Le dépôt pour eux n'est donc
pas nécessaire : ils ne sont que la manifestation d'un
nom et non d'une idée.

La jurisprudence antérieure à la loi de 1881 avait été
hésitante. Un arrêt du 11 janvier 1856 (1) avait jugé
que tous les écrits, même ceux qui n'expriment pas
une production de l'esprit, étaient soumis à l'obligation
du dépôt préalable. Ce qui était décidé pour les articles 15 et 17 de la loi du 21 octobre 1821 l'était aussi
pour les articles 14 et 16 (2). Cette jurisprudence se

(1) Crim. cass., 11 janvier 1856, D. P. 56.1.93 et la note.
(2) *Art*. 14. — « Nul imprimeur ne pourra imprimer un écrit

mettait d'accord du reste avec celle suivie en matière
de colportage, aux termes de laquelle l'article 6 de la
loi du 27 juillet 1849 qui soumet la distribution des
écrits à l'autorisation préfectorale, n'envisage ni l'étendue ni la brièveté de ces écrits et s'applique dès lors aux
simples bulletins électoraux indiquant sans commentaire le nom des candidats proposés (1). Depuis cette
décision, plusieurs autres arrêts avaient fixé le caractère qui doit être attribué aux bulletins de vote : désormais on les considérait comme des « *écrits* » visés par
les lois sur la presse et soumis, par conséquent, à la
formalité du dépôt.

Cette théorie fut suivie jusqu'en 1875. Le 30 novembre de cette même année, la loi organique sur les élections des députés était votée, puis l'article 3 relatif aux
bulletins de vote fut remplacé par l'article 1er de la loi
du 20 décembre 1878 : désormais l'opinion de la jurisprudence fut confirmée par la loi : les bulletins de vote
étaient légalement affranchis du dépôt préalable. L'article 1er est en effet ainsi conçu : « La distribution des
bulletins de vote est affranchie dans toutes les élections
du dépôt préalable au parquet, de l'un de ces bulletins
signé du candidat. » Les autres articles de cette loi se

avant d'avoir déclaré qu'il se propose de l'imprimer, ni le mettre en
vente ou le publier, de quelque manière que ce soit, avant d'avoir
déposé le nombre prescrit d'exemplaires. »

Art. 16. — « Le *défaut de déclaration* et le *défaut de dépôt* avant la
publication, constaté, seront punis chacun d'une amende de 1.000 fr.
pour la première fois, et de 2.000 francs pour la seconde. »

(1) Crim. cass., 16 nov. 1855, D. P. 56.1.31.

trouvent abrogés par les articles 3 et 68 de la loi du 29 juillet 1881.

Quant aux autres imprimés électoraux, circulaires, professions de foi, etc... ils ont suivi les mêmes péripéties que les bulletins de vote. Nous avons vu plus haut (1) à propos de l'article 2, qu'un arrêt de la chambre criminelle du 11 janvier 1856 avait jugé que tous les écrits devaient porter l'indication du nom et du domicile de l'imprimeur : il en fut de même pour le dépôt : tout écrit devra être dorénavant déposé avant la publication et tombera, d'après cet arrêt, sous le coup des articles 14 et 16 de la loi du 21 octobre 1814. Cette jurisprudence fut toujours constante. Moins heureux que leurs congénères, les bulletins de vote, les autres écrits électoraux tombent sous le coup de l'article 3 : ils devront donc être déposés. Il en avait été décidé ainsi (2) par un arrêt de cassation du 18 décembre 1863 qui avait jugé que l'obligation imposée aux imprimeurs de faire au secrétariat de la préfecture le dépôt de tous les écrits qu'ils publient, s'applique même aux circulaires et aux professions de foi électorales. La circulaire ministérielle du 9 novembre 1881 (3) a été rédigée dans ce sens, et celle du ministère de l'Intérieur relative aux élections municipales (4) en date du 11 avril 1896, dit également :

(1) V. p. 9, *suprà*.
(2) Crim. cass., 18 décembre 1863. Aff. Gounouilhou, D. P. 64. 1. 55.
(3) V. *suprà*, circ. minist. de la justice, 9 novembre 1881.
(4) *Bull. off. minist. intér.*, 1896, p. 180.

« En ce qui concerne l'affichage et la distribution des circulaires et professions de foi des divers candidats, la loi du 29 juillet 1881, sur la liberté de la presse, n'oblige les candidats à aucun dépôt. Seul l'imprimeur doit, aux termes de l'article 3 de ladite loi, faire le dépôt administratif prescrit pour les collections nationales *et dont les bulletins de vote ont seuls été exemptés.* » N'est-ce pas assez laisser entendre que tout autre écrit doit être déposé ? Il n'y a sur ce point aucune controverse : la doctrine et la jurisprudence se trouvent d'accord. — Où et quand l'imprimé sera-t-il déposé ? — L'article 3 de la loi de 1881 nous dit que ce dépôt sera fait, en double exemplaire : « au ministère de l'intérieur pour Paris ; à la préfecture pour les chefs-lieux de département ; à la sous-préfecture pour les chefs-lieux d'arrondissement, et pour les autres villes, à la mairie ». Cette règle est générale : elle s'applique à tout imprimé, et par conséquent à ceux qui nous occupent. L'imprimeur ne saurait, à son gré, changer le lieu du dépôt. C'est ainsi que celui-ci ne pourrait être fait à la sous-préfecture alors que le domicile de l'imprimeur n'est pas fixé au chef-lieu d'arrondissement : de même il a été jugé (1) sous l'empire de la loi du 21 octobre 1814, qui prescrivait le dépôt à la préfecture pour tous les imprimés du département, que le dépôt à la sous-préfecture n'était pas valable. La règle, à notre avis, est absolue : certains

(1) Cass., 16 août 1851, D. 51.5.317. Conf. Barbier, t. 1, p. 62.

auteurs ont cependant prétendu le contraire, en se basant sur cette idée, que c'était surtout l'intérêt des déposants, qu'il fallait envisager.

Le dépôt doit être fait, nous dit la circulaire du 9 novembre 1881 (1), au moment de la publication : il peut donc être concomitant; mais il faut qu'il soit opéré à l'instant même où le premier exemplaire est rendu public.

Il n'est donc pas nécessaire, pour que les prescriptions de l'article 3 soient remplies, que le dépôt précède la publication : il suffit qu'il y ait concomitance entre le dépôt et la publication (2). C'est ce qui avait été jugé déjà avant la loi du 29 juillet 1881, sous l'empire de la loi du 11 mai 1868 (3).

Il a été également décidé, conformément à la disposition de l'article 3 qui ne parle que du lieu où le dépôt doit être effectué sans préciser le moment auquel il faut accomplir cette formalité, que l'imprimeur pouvait se présenter à l'administration des bureaux, même après leur fermeture, à toute heure quelconque de la nuit. L'espèce est assez intéressante pour être citée (4), car la Cour de cassation, sur appel du Procureur général près la Cour de Poitiers, a définitivement adopté les

(1) *Bull. off. minist. justice*, année 1881.
(2) V. Faivre et Benoit Lévy, *Code manuel de la presse*, p. 38 ; Dutruc, *Explic. de la loi du 29 juillet* 1881, n° 11 ; Fabreguettes, *Tr. des inf. de l'écriture, de la parole et de la presse*, t. 1ᵉʳ, n° 133.
(3) Besançon, 19 mars 1879, S. 80.2.166.
(4) Cass. crim., 3 juillet 1886, S. 86.1.487.

motifs des premiers juges du tribunal correctionnel de
Marennes, appelés à statuer sur la question.

Un sieur Florentin, imprimeur à Marennes, s'était
présenté vers onze heures du soir à la sous-préfecture
pour effectuer le dépôt des deux exemplaires exigés par
la loi. Le concierge ayant refusé de les recevoir, l'imprimeur s'était retiré et avait affiché néanmoins les
placards le lendemain. Le Parquet poursuivit Florentin
pour contravention à l'article 3 de la loi du 29 juillet
1881. Le tribunal rendit un jugement aux termes duquel il était dit que « le dépôt peut être fait à toute
heure, puisqu'il doit accompagner la publication et que
cette publication peut elle-même être faite à toute
heure ».

Le ministère public fit appel de ce jugement et la
Cour de Poitiers (1), à la date du 19 février 1886, con-
firma la décision des premiers juges. Le Procureur général lui-même s'en émut et se pourvut en cassation.

C'est alors qu'intervint cet arrêt du 3 juillet 1886,
rendu par la chambre criminelle qui rejette le pourvoi,
par ces motifs que « la faculté donnée par l'article 3
d'effectuer le dépôt au moment même de la publication,
entraîne nécessairement cette conséquence que l'imprimeur n'étant point tenu de retarder, au gré de l'administration la livraison des imprimés sortant de ses presses, est libre d'effectuer le dépôt à toute heure et même

_____

(1) Poitiers, 19 février 1886, S. 86.1.126.

la nuit ». Cet arrêt fait donc aujourd'hui, jurisprudence en la matière.

Ajoutons cependant, avant d'en terminer sur ce point,
que, par arrêt du 31 août 1833, la Cour d'appel de Metz
avait décidé que le refus par l'autorité administrative
de recevoir un jour férié le dépôt des exemplaires exigé
par la loi, n'autorisait pas l'imprimeur à publier l'ouvrage sans avoir effectué le dépôt (1).

Répression. — L'imprimeur est seul responsable de
l'accomplissement de la formalité de l'article 3, dont
l'omission constitue une contravention passible d'une
amende de 16 à 300 francs, mais qui ne saurait autoriser, nous dit la circulaire ministérielle de 1896 (2), la
saisie de circulaires ou l'enlèvement des affiches. L'imprimeur poursuivi ne peut échapper à la justice correctionnelle (art. 45) qu'en exhibant le récépissé constatant
le dépôt par lui effectué; il ne peut alléguer sa bonne
foi : nous sommes en effet en présence d'un de ces délits
contraventionnels dont nous avons parlé sommaire-
ment dans notre chapitre 1er (3).

Cette infraction, bien que tombant sous le coup de la
répression correctionnelle, est une pure contravention,
qui sera punissable, malgré la bonne foi de l'agent.
Elle constitue en effet un manquement aux règles d'intérêt commun édictées par la loi sur la presse qui en

(1) S. 1886.2.126, V. note.
(2) *Bull. off. minist. intérieur*, 1896, p. 180. V. *suprà*.
(3) V. *suprà*, chap. 1er, *Des délits contraventionnels.*

forment le régime administratif. Elle a, comme nous l'avons vu plus haut, à propos de l'article 2 pour unique fondement la violation d'un texte de loi concernant la police générale de la presse (1). Notons enfin, que l'imprimeur est également responsable du fait de faire figurer sur une affiche électorale ou sur des bulletins de vote le nom d'un citoyen sans son autorisation, et qu'il ne peut échapper à la responsabilité, en désignant les personnes qui lui ont commandé l'impression de cette affiche ou de ces bulletins (2).

(1) V. *suprà*, p. 11 et thèse *Nature juridique des contraventions*, *suprà* citée.

(2) Aix, 7 décembre 1893, D. VII, 2,181.

CHAPITRE III

> « La pensée voulut éclater en vives
> « figures, elle se peignit de toutes les
> « couleurs du prisme, elle provoqua
> « le regard et le fascina. Ce fut le
> « tour des placards ; ce fut le règne
> « des affiches. Une âme fut en quel-
> « que sorte soufflée aux édifices, les
> « pierres même se couvrirent d'idées,
> « et les murailles parlèrent. »
>
> (Louis Blanc, *Histoire de la Révolution*.)

§ 1er. — Aperçu historique.

Avant la loi du 29 juillet 1881, qui proclame la liberté de l'affichage, les divers régimes avaient soumis l'affiche à différentes formalités.

L'affiche, non politique surtout, avait subi bien des vicissitudes. C'est ainsi que sous l'ancien régime, elle était subordonnée à la réglementation administrative : « tous libraires, imprimeurs, colporteurs ne pouvaient vendre, colporter ou afficher aucunes feuilles et placards, sans la permission du lieutenant de police, à peine contre les imprimeurs d'interdiction et de punition corporelle contre ceux qui auront appliqué ou

affiché dans les carrefours et lieux publics aucuns placards, imprimés ou manuscrits, sans permission (1) ».

Il en fut ainsi jusqu'à la Révolution. L'Assemblée
constituante proclama la liberté de l'affichage, par les
décrets des 22 mai et 23 juillet 1791. L'affiche aussi
bien politique que privée était libre. Seul l'article 12 du
décret du 22 mai, dont la loi de 1881 s'est inspiré, édic-
tait une mesure d'ordre administratif.

« Dans les villes et dans chaque municipalité, il sera,
par les officiers municipaux, désigné des lieux exclusivement destinés à recevoir les affiches des lois et des
actes de l'autorité publique. Aucun citoyen ne pourra
faire des affiches particulières dans lesdits lieux, sous
peine d'une amende de 100 livres (2). »

L'affiche jouissait donc, toutes proportions gardées,
de la même liberté dont elle jouit de nos jours : aucune
réglementation n'était venue en arrêter le cours : seul
un décret, par mesure administrative, lui interdisait
certains locaux. Cette liberté devait être de courte
durée ; une première atteinte fut portée par l'arrêté du
13 avril 1814. L'affichage était désormais soumis dans
Paris, au pouvoir discrétionnaire du Préfet de police,
lequel, avant toute apposition, devait donner le vu pour
afficher. Ce n'était rien encore. Cette mesure d'ordre
devait bientôt faire place à l'interdiction. La monarchie
de juillet la proclama. Les affiches politiques furent dé-

(1) Arr. Cons. d'Etat, 4 mai 1669. *Collect. off. ordonn. pol.*, t. 4,
p. 16.
(2) Décr., 23 juillet 1791. *Collect. off. ordonn. pol.*, t. 4, p. 193.

sormais proscrites. L'article 1ᵉʳ de la loi du 10 décembre
1830 en fit son œuvre (1). Manuscrites, imprimées,
gravées ou lithographiées, elles étaient toutes placées
sur le même rang. L'interdiction était générale, et s'appliquait à tout écrit ayant rapport à la politique. Les
affiches non publiques étaient seules exceptées ; mais
si elles étaient épargnées, leur sort n'en n'était cependant guère plus enviable, car elles étaient par cette
même loi, livrées à l'appréciation arbitraire des municipalités : elles restaient soumises aux lois du 14 décembre 1789 (art. 50), du 16-24 août 1790 (art. 3) et du 19-
22 juillet 1791 (art. 46), confiant à l'autorité municipale
la police des rues, places, lieux et édifices publics (2).

Survint la révolution de 1848. Le suffrage universel
était institué. Un décret du gouvernement provisoire
du 5 mars 1848 le proclamait, en abolissant le principe
du suffrage censitaire. L'article 2 de la loi du 21 avril
1849 permit à tout citoyen l'affichage d'écrits relatifs
aux élections, sous la seule condition du dépôt préalable
au Parquet, mais cette disposition ne s'appliquait qu'au
cas de renouvellement intégral de l'Assemblée nationale : l'affichage d'écrits ou imprimés relatifs à une
élection partielle n'était pas autorisé (3).

(1) *Art.* 1ᵉʳ. — « Aucun écrit, soit à la main, soit imprimé ou litho-
graphié, contenant des nouvelles politiques, ou traitant d'objets
politiques, ne pourra être affiché ou placardé dans les rues, places
ou autres lieux publics. »
(2) De Grattier, *Comment. sur les lois de la Presse*, t. 2, p. 232.
(3) Cass., 12 janvier 1850, *Bull. cass. crim.*, 1850, p. 19, D. P. 50.
1.73.

Une loi du 27 juillet 1849 (art. 6) supprima cette disposition : on en revint donc au régime de la loi de 1830. L'élan cependant était donné : l'établissement du suffrage universel stimula le législateur. Une loi nouvelle apparut : la loi du 16 juillet 1850. Dans son article 10, elle proclama la liberté de l'affichage pour tous les placards électoraux. Le dépôt devait cependant en être fait au Parquet, dans les vingt jours précédant les élections (1).

Les circulaires, professions de foi, les manifestes et placards électoraux signés des candidats avaient donc recouvré leur liberté d'affichage. Les bulletins contenant, avec les noms des candidats, l'indication à laquelle ils étaient destinés, rentraient dans la même catégorie (2).

Seules, les affiches électorales émanant des tiers étaient exceptées : pour pouvoir jouir de la prérogative de l'article 10, elles devaient être signées du candidat : il ne suffisait pas que l'exemplaire déposé au Parquet fût seul signé (3).

Ce point fut enfin réglementé par l'article 3 de la loi organique du 30 novembre 1875 qui dispose que : « Pendant la durée de la période électorale, les circulaires et professions de foi signées des candidats, *les*

(1) Amiens, 2 juillet 1863, S. 63.2.148.
(2) Cass., 30 janvier 1857, D. P. 57.1.10 ; Cass., 11 juillet 1862, D. P. 63.1.156.
(3) Agen, 19 novembre 1874, S. 75.2.45.

*placards et manifestes électoraux signés d'un ou de plu-
sieurs électeurs*, pourront, après dépôt au parquet du
Procureur de la République être *affichés* et distribués
sans autorisation. »

Remarquons toutefois, avec la circulaire ministérielle
du 27 février 1876 (1) que « l'immunité concédée par
cet article ne concernait que les écrits électoraux qui
avaient trait directement à l'élection, et qui recomman-
daient une candidature déterminée ; en dehors de ce
cas, les imprimés, brochures et proclamations ne pouvaient être affranchis des règles du droit commun ».

Et M. Dufaure ajoute, dans sa circulaire que ce
qu'exige l'article 3 de la loi du 30 novembre 1875, c'est
la signature individuelle du candidat ou de l'électeur
qui s'avoue l'auteur de l'écrit et en assume la responsabilité. La mention : Le comité. Un groupe d'électeurs,
Le président du Comité, etc... ne remplit pas le vœu de
la loi.

Notons enfin que les imprimeurs restaient toujours
quant à l'obligation du dépôt, sous le coup de l'article 14
de la loi du 21 octobre 1814 et de l'article 7 de la loi
du 27 juillet 1849 ; que de plus les écrits électoraux qui
sortaient de leurs presses devaient toujours contenir
l'indication de leur nom et de leur adresse (2).

L'affiche électorale est donc, de nos jours, toute
affiche ayant trait à une élection, soit qu'elle émane

(1) *Lois annotées de 1876*, p. 48.
(2) Même circulaire.

d'un candidat et porte sa signature, soit qu'elle émane
d'un autre individu ou d'un comité. Une deuxième condition toutefois s'impose, dont on comprend aisément
l'exigence ; c'est qu'il est nécessaire que cette affiche
soit placardée au cours de la période électorale. On
conçoit facilement en effet que sans cette condition de
temps, chaque particulier pourrait toute l'année couvrir les monuments publics de ces sortes d'affiches.

Revêt donc le caractère de l'affiche électorale toute
affiche relative à une élection, qu'elle soit manuscrite,
imprimée, rédigée sous forme de placard, profession
de foi ou protestation (1).

§ 2. — Législation actuelle. — Liberté de l'affichage.

Et nous voici arrivés à l'étude de la liberté de l'affichage d'après la loi de 1881. Elle a été sur ce point,
comme sur celui de la liberté laissée aux journaux, l'objet de bien des critiques. Elle en est digne, selon nous.
Cet idéal de l'affiche, dont Louis Blanc avait été hanté ne
s'est traduit que par les plus regrettables abus. Cette
pensée qu'il voulait voir éclater en vives figures, provoquer le regard, le fasciner, s'étale maintenant sous les
formes les plus critiquables. Au lieu de provoquer le
regard pour le fasciner, elle le blesse et le révolte. Cette
âme qui est soufflée aux édifices est une âme pervertie :
les pierres ne se couvrent que d'idées malsaines, et les
murailles ne parlent le plus souvent qu'un langage

(1) Cf. Barbier, *suprà* cité, t. 1, n° 186.

grossier. L'affiche dont la destinée était tout autre et qui devait faciliter d'une façon si heureuse le commerce des hommes, ne sert plus aujourd'hui qu'à provoquer la licence. Aussi, de nombreuses protestations s'élevèrent de tous côtés. Le gouvernement lui-même s'en émut et nous verrons tout à l'heure qu'il a été saisi de nos jours d'un projet de réglementation. « C'est que, comme le fait remarquer judicieusement M. Fabreguettes (1), il existe une différence profonde entre les affiches et le livre, les placards et les journaux. L'affiche s'impose au regard de tous : le journal et le livre ne sont l'objet que de la curiosité de chacun, et comme, ajoute l'éminent auteur, il ne dépend de personne de passer ou de ne pas passer sur la voie publique, il est de toute nécessité de proclamer que la rue est à tout le monde, qu'elle doit être fréquentée par tout le monde librement et sans entrave, et que son usage cesse d'être libre, du moment où l'on ne peut plus y passer, qu'à la condition d'aller au devant d'un affront et d'un trouble. On ne peut point être obligé de subir certains spectacles : il faut que le passant ne soit pas obligé de voir, de lire certaines choses qui blessent son goût, ses idées, ou excitent sa réprobation. »

Entraîné par l'élan donné par les détracteurs de la liberté de l'affichage, le gouvernement, dans un projet

---

(1) V. Fabreguettes, *suprà* cité, t. I, p. 208. *Traité des infract. de la parole, de l'écriture, et de la presse.*

de loi (1), voté *en première lecture* le 16 février 1881,
envisagea la question des placards et emblèmes sédi-
tieux : une disposition de la loi en replaça l'affichage
sous le régime de la loi de 1830, celui de la réglementation arbitraire de l'administration.

Que devenaient alors les écrits et placards électoraux ? Allait-on les soumettre, eux aussi, au bon vouloir administratif : devait-on au contraire les exempter
du contrôle ? Le danger pour eux n'était pas le même.
On ne devait pas craindre de leur part les manifestations séditieuses dont parlait l'article 2 ; et de plus,
comme le disait M. Lorois (2) à la Chambre des Députés,
le 15 février 1884, la liberté de l'affichage eût disparu,
même en période électorale, si on le faisait tomber
sous l'article 2 de la nouvelle loi. « L'opposition de
droite, dit-il, comme celle de gauche sera livrée au bon
plaisir d'un juge d'instruction, et l'acquittement ne
servira à rien, car il interviendra quand l'élection sera
terminée, soit au bon plaisir d'un maire qui fera arra-
cher les affiches...

« Vous avez décidé que les maires auront le droit,
sous prétexte d'assurer la tranquillité, de faire enlever
l'affiche : *c'est la suppression absolue de la liberté de l'affichage en matière électorale.* »

C'est alors que M. Gatineau proposa par un amende-

(1) Le projet voté le 16 février 1881 n'est pas définitivement
converti en loi.
(2) *Journ. off.*, 1884, t. I. Séance du 15 février 1884, p. 423.

ment, d'ajouter, après l'article 2 du projet de loi, un
article 3, ainsi conçu :

« Les circulaires et affiches électorales et autres
moyens de publicité, pendant la période électorale,
continueront à jouir des immunités dont elles ont joui
jusqu'à ce jour, en vertu des lois et règlements antérieurs. »

Les écrits électoraux, grâce à la généreuse intervention de M. Gatineau, allaient continuer à jouir de la
liberté que leur avait concédé la loi de 1881.

Consultée par le Président de la Chambre sur l'accep-
tation de l'amendement, la commission déclara qu'elle
le repoussait. Une discussion violente s'engagea sur ce
terrain : M. Léon Renault se fit le champion de la liberté
de l'affichage.

« Lorsque nous avons voté cette loi générale sur la
presse, dit-il, nous avons, pour la première fois, assimilé d'une manière complète le placard, l'affiche avec le
livre, avec la brochure, avec le journal. Cette assimilation, nous venons, par le vote que nous avons émis sur
l'article 2, de la détruire dans une certaine mesure...

Je suis de ceux qui pensent qu'une distinction profonde doit être faite entre les affiches et le livre, la brochure et le journal. Mais il y a un moment où j'estime
que cette distinction, qui est dans la nature des choses,
qui doit se rencontrer dans le jeu régulier et le fonction-
nement normal de la vie nationale, doit être absolument
abolie. J'entends parler des périodes électorales, de ces

heures si graves où la libre communication de chaque
électeur, de chaque candidat avec l'ensemble de ses
concitoyens se lie intimement à l'usage et à l'exercice
de la liberté électorale. Alors le placard doit avoir les
mêmes immunités que le livre, la brochure et le journal ; car, sans lui, il est impossible d'assurer cette communication instantanée, universelle, qui ne peut distinguer entre ceux auxquels elle s'adresse, et qui donne à
chacun le moyen de parler à tous (1). »

Par 275 voix contre 158, la Chambre adopta l'amendement de M. Gatineau : la victoire restait à l'affiche
électorale : elle conservait sa liberté de 1881 : l'autorité
administrative ne pouvait la soumettre à aucun contrôle.
Les articles 16 et 17 de la loi du 29 juillet 1881 restaient
toujours en vigueur. C'est à leur étude, ainsi qu'à celle
de l'article 15 que nous allons consacrer maintenant
notre attention ; ces trois dispositions étant les seules
qui aient trait, dans la loi dont nous nous occupons, aux
affiches électorales.

Tel est donc notre plan. Nous avons voulu montrer
par avance que, bien que violemment attaquée et sur le
point d'être englobée dans les dispositions de la loi de
1884, l'affiche électorale conservait malgré tout sa liberté antérieure : c'est à l'étude de cette liberté, aux
nombreuses discussions auxquelles elle donna lieu au
Parlement, que nous arrivons maintenant. Nous ver-

(1) Chambre des députés, Séance du 15 février 1884.

rons toutefois que cette liberté n'est pas absolue, car nous trouverons dans les articles 15 et 17 et dans l'article 16 lui-même quatre restrictions fort importantes à ce grand principe.

— L'article 16 (1) de la loi du 29 juillet 1881 rend à l'affiche sa liberté de 1791, sans distinction entre les affiches politiques et les affiches non politiques. Tout individu est désormais autorisé à placarder sous sa responsabilité personnelle tout écrit ou imprimé qu'il lui convient de soumettre à l'attention du public.

« Désormais, dit M. Lisbonne (2), rapporteur de la loi à la Chambre des députés, il n'y aura aucune différence à faire entre les affiches politiques et celles qui ne le sont pas. Les unes comme les autres, pourront être affichées sans autorisation de personne, sous la responsabilité de ceux qui en seront les auteurs ou qui les auront placardées, et qui seront poursuivis si les affiches sont criminelles ou délictueuses. »

Parlant du droit de réglementation de l'affiche par les municipalités, le rapporteur dit « nous le faisons tomber. C'est la liberté absolue de l'affichage que nous avons voulu adopter ».

(1) *Art.* 16.— « Les professions de foi, circulaires et affiches électorales pourront être placardées à l'exception des emplacements réservés par l'article précédent (pour recevoir les affiches des lois et autres actes de l'autorité publique), sur tous les édifices publics autres que les édifices consacrés aux cultes, et particulièrement aux abords des salles de scrutin.
(2) Rapport de M. Lisbonne à la Chambre des députés sur la loi du 29 juillet 1881.

Ainsi, il n'existe plus maintenant d'équivoque. Régie par les articles 15, 16 et 17 de la nouvelle loi de 1881, l'affiche est délivrée de l'autorité gênante de l'ancienne législation. L'article 68 en termes formels le proclame :

« Sont abrogés les édits, lois, décrets, ordonnances, arrêtés, règlements, déclarations généralement quelconques relatifs à l'imprimerie, à la librairie, à la presse périodique, au colportage, à l'affichage, etc..., sans que puissent revivre les dispositions abrogées par les lois antérieures. »

La décision est donc bien nette : la loi est désormais claire et précise : le chaos des lois et règlements antérieurs disparaît.

Doit-on aller cependant jusqu'à dire, en proclamant la liberté de l'affichage, que l'autorité locale en cas d'abus et d'atteinte à la tranquillité publique n'a pas le droit de réglementer les affiches ?

Avant de résoudre cette question, nous devons nous souvenir du caractère précis des lois de 1790 et 1791 dont nous avons parlé plus haut (1). Elles ne sont pas, nous l'avons vu, relatives à la police de l'affichage : elles confient seulement à l'autorité municipale, la police des rues, places, lieux, et édifices publics, et par contre ne visant pas directement la réglementation de l'affiche, l'article 68 n'a pu les abroger : elles restaient donc en vigueur, tout au moins jusqu'à la loi du 5 avril 1884 (2).

(1) V. chap. *Aperçu historique*, p. 23.
(2) Loi du 5 avril 1884, sur l'organisation communale.

L'autorité administrative ne conserve-t-elle donc pas
alors le droit de réglementer les affiches à la condition
d'en respecter la liberté et de se soumettre aux dispositions de la loi de 1884 ? Ne reconnaîtrons-nous pas au
maire par exemple le droit de prendre un arrêté interdisant certains endroits à l'affiche en vue d'éviter les
rassemblements, ou d'empêcher le public de circuler
librement ?

Nous pensons avec M. Barbier qu'il doit en être ainsi :

« La liberté d'afficher, a dit l'éminent auteur (1), ne
saurait en effet, avoir pour résultat d'entraver la liberté
de circulation que les municipalités ont le droit et le
devoir de faire respecter, et il serait peu raisonnable,
sous prétexte de liberté d'affichage, de considérer comme
illégal l'arrêté d'un maire qui dans le but d'éviter des
rassemblements susceptibles d'embarrasser la voie
publique, interdirait en un certain endroit l'apposition
de toute affiche. »

Malgré cette prescription édictée par le législateur
dans un intérêt commun, et certaines restrictions ap-
portées par la loi de 1881 elle-même au grand principe
de la liberté de l'affichage, celui-ci n'est soumis à aucun
contrôle. C'est ainsi que l'administration ne pourrait,
sans violer ce principe, prescrire aucune mesure de
nature à restreindre l'affichage des écrits politiques (2).
Et c'est aussi avec raison que la Chambre criminelle de

(1) Barbier, *Code de la presse, suprà* cité, n° 173.
(2) Cass. crim., 10 janvier 1885.

la Cour de cassation (1), se basant sur ce principe édicté
par l'article 3 de la loi du 30 novembre 1875, a jugé que
pendant la période électorale, tout individu a la liberté
de faire tout affichage des circulaires et professions de
foi des candidats, sans que l'autorité municipale ait le
droit d'apporter aucune entrave à l'exercice de cette
liberté. Par suite est nul, nous dit la Cour, l'arrêté d'un
maire imposant à toutes les personnes qui veulent afficher des circulaires électorales, l'obligation de ne faire
procéder à cet affichage que par le tambour de la
commune, agent de l'autorité municipale.

Le législateur a donc eu pour but de donner à l'affiche la plus grande liberté possible, et de respecter
ainsi l'idée de la Constitution du 4 novembre 1848 ins-
tituant le suffrage universel. Tout ce qui pourra en faciliter l'exercice sera reconnu, d'utilité publique : l'affiche
était bien placée pour remplir cette condition. La jurisprudence, d'accord sur ce point avec la doctrine a proclamé ce principe peu de temps après le vote de la loi
de 1881. C'est en ces termes, en effet, que le tribunal
correctionnel de St-Jean d'Angély (2) s'exprime :

« La question qui se pose ici touche à la sincérité, on
pourrait même dire à la moralité du suffrage universel.
Au nombre des moyens de publication les plus efficaces

(1) Elections de Buzançais. Crim. cass., 11 novembre 1876, D.
P. 77.1.43.
(2) Trib. correct. St-Jean d'Angély, 16 décembre 1881. Ce tribunal est le premier qui ait eu, croyons-nous, à statuer sur la question de la liberté de l'affichage électoral.

pour répandre et soutenir une candidature se trouve
l'affiche : aussi la loi nouvelle a-t-elle consacré par son
article 16, le droit du candidat de faire apposer ses circulaires sur tous les monuments publics. »

Critique. — Cette application si nette de la liberté absolue de l'affiche a soulevé à plusieurs reprises et notamment dans les Chambres de véhémentes protestations.
C'est que, il faut bien le dire, les candidats abusent souvent de la faculté qui leur est laissée de couvrir de leurs
proclamations et professions de foi les monuments publics. Sans vouloir nous proclamer ces défenseurs de
l'esthétique, qui subordonnent souvent les intérêts com-
muns à la manifestation de la beauté, nous sommes cependant obligés de reconnaître que la liberté de l'affichage devient au détriment de cette même beauté, trop
souvent hélas, de la licence. C'est ainsi que, durant la
période électorale, tous monuments publics, et toutes
statues sont immédiatement recouverts et vêtus des pa-
piers de couleur les plus bariolés ; nous ne craignons
pas d'affirmer qu'il y a là un abus et sans aller jusqu'à
réglementer d'une façon absolue l'affichage, nous aime-
rions mieux que certains emplacements spéciaux fussent réservés aux candidats sur les monuments publics,
analogues à ceux que réserve la loi elle-même au maire
pour les actes de l'autorité. La tranquillité publique,
la libre circulation des citoyens, la grâce et la belle
harmonie de nos villes en tireraient profit : les candidats eux-mêmes y trouveraient avantage, car en réser-

vant à tous, certains cadres spéciaux, la loi permettrait aux candidats pauvres le moyen de soutenir, à chances plus égales, une lutte qu'on ne semble faire, à l'heure actuelle, qu'à coups d'affiches.

Cette idée a été fort bien comprise du reste récemment par M. Gabriel Deville, député. Réclamant l'urgence au sujet d'une proposition de loi par laquelle il voulait apporter certaines modifications à la loi électorale, voulant réglementer spécialement l'affichage, il s'exprimait ainsi (1) :

« Il y a un abus incontestable dont souffrent les candidats pauvres, mal armés pour la guerre d'affiches. Les édifices publics sont déplorablement bariolés d'affiches superposées qu'il faut ensuite faire disparaître à grands frais, alors qu'il est très facile d'éviter ces frais et de maintenir la balance égale entre tous. »

C'est dans ce but que l'orateur proposait de modifier l'article 16 en ces termes :

« Les professions de foi, circulaires et affiches électorales ne pourront être placardées que dans les cadres établis à cet effet pendant toute la période électorale. Il devra y avoir, dans chaque commune, un même nombre de cadres semblables pour chaque candidat ou pour chaque liste déclarés à la mairie, et au moins un cadre pour chacun d'eux aux abords, particulièrement, de toutes les salles du scrutin. Chaque candidat, ou cha-

_____

(1) Chambre des députés, séance du 19 juillet 1897, *Débats parlementaires*, Chambre, 1897, annexe p. 2050.

que liste disposera librement, mais ne disposera pour son affichage, que des cadres qui lui seront ainsi attribués (1).

La Chambre consultée sur l'urgence, répondit négativement : la tentative, si louable qu'elle fût, avait été infructueuse. Nous sommes donc encore de nos jours régis par la loi de 1881 qui proclame la liberté complète de l'affichage. La circulaire ministérielle du 11 avril 1896 (2) relative aux élections municipales reproduit les mêmes idées que celle du 9 novembre 1881 en nous faisant savoir que l'article 16 dispose expressément que les professions de foi, circulaires et affiches électorales pourront être placardées sur tous les édifices publics, à l'exception des édifices consacrés au culte et des emplacements réservés, par arrêté du maire, pour recevoir les affiches des lois et autres actes de l'autorité. La loi veut particulièrement que l'affichage puisse s'exercer librement aux abords de la salle du scrutin.

Restrictions. — Quatre restrictions viennent, selon nous, limiter le principe de liberté de l'affichage électoral : deux sont édictées par l'article 16, une par l'ar-

---

(1) *Art.* 17, § 3, *proposé par* **M. Ch. Deville** : « Seront punis d'une amende de 16 francs à 500 francs et d'un emprisonnement de 6 à 15 jours, ou de l'une de ces 2 peines seulement, ceux qui auront enlevé, déchiré, recouvert ou altéré par un procédé quelconque des affiches électorales apposées conformément à l'article précédent. La même peine sera appliquée à tous ceux qui auront affiché en matière électorale, en dehors de l'espace légal réservé à chaque candidat. »

(2) *Bull. off. minist. intérieur*, 1896.

ticle 17 ; la quatrième enfin, qui réserve l'impression
sur papier blanc aux seules affiches de l'autorité, fait
partie des dispositions de l'article 15.

PREMIÈRE RESTRICTION. — *Emplacement réservé aux actes officiels
par l'article 15.*

L'article 15, auquel nous renvoie l'article 16, prescrit
tout d'abord une mesure d'utilité publique : « dans chaque commune, le maire désignera, par arrêté, les lieux
exclusivement destinés à recevoir les affiches des lois
et autres actes de l'autorité publique. Il est interdit d'y
placarder des affiches particulières. »

Cette prescription, nous l'avons vu, n'est pas nouvelle : elle avait été déjà l'objet des lois organiques qui
ont institué les municipalités en France, telles que celles
des 18 mai 1791 (art. 11); 19-22 juillet 1791 ; 18 juillet
1837 (1). L'article 15 enjoint donc au maire de chaque
commune, de désigner le lieu propre à ces diverses affiches, lois, décrets, messages du Président de la République, discours ministériels, affiches prescrites par la
loi (en matière civile ou commerciale, celles concernant
les mariages, ventes par autorité de justice, faillites),
etc...En même temps qu'elle confère un droit au maire, la
loi lui impose en même temps une obligation. Non seulement le maire peut, mais il doit rendre cet arrêté ;
l'usage ne pourrait y suppléer : la désignation doit être

(1) Conf. Fabreguettes, *suprà* cité, t. 1, p. 230.

expresse et ne pourrait résulter des habitudes locales.

Si le maire se refusait à prendre cet arrêté, l'autorité supérieure, le préfet, se substituerait à son lieu et place : l'arrêté pourrait être pris par lui.

De ce principe qui oblige le maire à prendre un arrêté pour réserver à la municipalité l'emplacement des affiches administratives, découle cette conséquence, qui a été consacrée par la jurisprudence ; qu'à défaut d'une désignation spéciale, le fait de lacérer, enlever, recouvrir ou altérer une affiche officielle ne saurait constituer le délit prévu par l'article 17 (1).

Cette observation, en ce qui nous concerne, est importante à faire, car nous verrons sous l'étude de l'article 17, que le cas peut se présenter souvent, en matière électorale.

Mais si le maire peut et doit désigner par arrêté cet emplacement spécial, on ne saurait admettre qu'il puisse le faire d'une manière vexatoire. Ce droit, a dit M. Lisbonne, dans son rapport, à la Chambre des députés, « n'a rien d'attentatoire à la liberté, pourvu que l'exercice n'en soit pas abusif ». Il faudrait donc considérer comme entaché d'excès de pouvoir l'arrêté d'un maire se réservant toute la façade d'un monument public, privant ainsi les candidats du droit d'apposer leurs affiches personnelles (2). De même serait responsable, le maire, qui sans ordre reçu de l'autorité supérieure, aurait fait

(1) Crim. cass., 16 février 1883, Dalloz, 1883.1.361.
(2) Conf. Barbier, t. 1, p. 158.

supprimer sans avertissement préalable, les affiches des
candidats apposées sur les édifices publics, alors qu'aucun arrêté spécial n'aurait été pris par lui pour la désignation de l'emplacement réservé (1).

Il y aurait là un véritable acte attentatoire à la liberté
des citoyens et le maire commettrait ainsi une faute
personnelle donnant lieu à une action en responsabilité.

Le législateur a donc voulu, dans un intérêt commun,
que certains emplacements spéciaux fussent réservés
aux actes de l'autorité. C'était en même temps qu'un
principe d'utilité publique un hommage que la loi désirait, en se faisant respecter, se rendre à elle-même. Le
but rempli, c'est-à-dire, l'emplacement nécessaire dès
lors assuré, et d'autre part la loi prescrivant aux candidats l'apposition de leurs affiches sur les monuments
publics, il pouvait être utile de déterminer exactement
l'étendue de ces places réservées. Le Sénat, dans sa
séance du 9 juillet 1881, l'a fort bien remarqué.

La Chambre des députés avait adopté sans discussion
l'article 16 tel que le rapporteur, M. Lisbonne, l'avait
proposé. Au moment de la discussion de cet article au
Sénat, M. Batbie fit observer avec juste raison que la
rédaction, « à l'exception des lieux à ce réservés par
l'article précédent », pourrait être amphibologique (2).

« Le mot *lieux*, dit l'orateur, me paraît devoir être

(1) Angers, 12 janvier 1881, S. 81.2.160, D. P. 82.2.128 ; Conf.
Cass., 12 mai 1880, S. 81.1.215, P. 81.1.519.
(2) J. *Officiel*, Débats parlementaires. Séance du 9 juillet 1881.

remplacé par le mot *places* ou le mot *endroits*, car
lorsqu'on a désigné spécialement la mairie pour les
affiches de l'autorité publique, rien n'empêche qu'on
affiche les professions de foi sur les murs de la mairie,
sauf la partie où se trouve la place réservée par l'autorité municipale. Le texte serait obscur s'il était maintenu
tel que la commission le propose, et je crois qu'il serait
beaucoup plus clair si l'on mettait : « à l'exception des
places réservées par l'article précédent sur les édifices
publics. »

Un sénateur de droite interrompant l'orateur, fit
remarquer « que dans la plupart des communes, il n'y
a d'autre endroit que les murs de la mairie pour apposer les affiches électorales ». L'observation était juste :
permettre à l'autorité municipale de se réserver toute
la façade de la mairie était une sorte d'expropriation
forcée, nuisible en tous points aux candidats et ne pré-
sentant le plus souvent aucune utilité pour les actes
officiels eux-mêmes.

Sur une intervention enfin de M. Pàris tendant à démontrer qu'il vaudrait mieux se servir du mot « *emplacements* » que celui de « *places* » de manière à ne
pouvoir ainsi confondre les endroits en question avec
les places publiques, le rapporteur consulté, déclara
que la commission acceptait la modification : l'article16
fut définitivement adopté en ces nouveaux termes, qui
devaient recevoir plus tard également l'approbation de
la Chambre :

« Les professions de foi, circulaires et affiches électorales pourront être placardées, à l'exception des *emplacements* réservés par l'article précédent sur tous les
édifices... »

Il est donc indubitable, que le maire doive non seulement prendre un arrêté, mais spécifier aussi dans cet
arrêté les emplacements qu'il réserve à l'affichage des
lois et autres actes de l'autorité publique. Serait donc
répréhensible et considéré comme entaché d'excès de
pouvoir, l'arrêté par lequel un maire réserverait aux
actes administratifs toute la façade d'une mairie, surtout s'il était pris dans une commune, où ne se trouve
pas d'autre monument public (1).

Et ne commettrait pas, selon nous, de contravention, le candidat qui, sans tenir aucun compte d'un tel
arrêté, afficherait un manifeste électoral sur la façade
d'une mairie à un endroit autre que celui où les actes
administratifs sont ordinairement placés.

Indiquons enfin, avant de terminer sur ce point, la
nature d'une question assez grave qui doit être considérée aujourd'hui comme tranchée, après avoir donné
lieu à de vives controverses. Certains auteurs se de-
mandaient s'il fallait considérer comme abrogés, les
arrêtés pris par les maires antérieurement à la loi de
1881, et conformément à celle de 1791.

Nous ne croyons pas qu'il puisse y avoir de doute sur

(1) Conf. Barbier, p. 161.

ce point. L'article 68 de la loi de 1881 est en effet aussi
général que possible ; les travaux préparatoires en font
foi. La question a de l'importance, car en la résolvant
négativement, on arriverait à décider que partout où
des arrêtés n'auraient pas été pris, les affiches électorales pourraient être placées aux endroits réservés,
avant la loi de 1881, aux actes de l'autorité.

Aussi sommes-nous de ceux qui pensent que malgré
l'étendue générale de l'article 68, il appartiendrait à
l'administration supérieure, d'aviser au plus tôt, car à
l'heure actuelle, ces arrêtés font défaut dans la plupart des communes de France.

Répression. — Toute contravention aux dispositions
du présent article, dit l'article 15 § 4, sera punie des
peines portées en l'article 2 (1). L'infraction à cette interdiction est donc une contravention : le tribunal de
simple police est seul compétent. Le fait d'apposer une
affiche à l'endroit réservé par le maire, est puni d'une
amende de 5 à 15 francs, et de l'emprisonnement, en
cas de récidive, dans les douze mois. L'afficheur est seul
responsable ; la complicité n'existant pas en matière de
contraventions, le candidat qui a donné l'ordre d'afficher, ne saurait être, par conséquent, poursuivi comme
complice.

DEUXIÈME RESTRICTION.— *Défense d'afficher sur les édifices
consacrés aux cultes.*

Dans sa séance du 26 janvier 1881, la Chambre des

(1) Voir *suprà*, art.2, Discussion sur la nature de l'infraction, p.11.

députés avait adopté l'article 16 sans discussion. Il n'en fut pas de même au Sénat.

M. Batbie, le 10 juillet 1881, se fit le champion et le protecteur des édifices consacrés aux cultes. La discussion fut vive. La commission avait refusé l'amendement que M. Batbie voulait apporter à l'article 16 : c'est alors que l'orateur demanda à la majorité du Sénat ce qu'il n'avait pu obtenir de la commission. Dans un éloquent discours, il s'efforça, par un fidèle historique, de démontrer la nécessité de l'adoption d'un tel amendement.

Il rappela notamment les termes d'une circulaire du 25 juin 1850 :

« En règle générale, disait cette circulaire du ministre des cultes, les affiches ne doivent pas être apposées sur les murs et sur les portes des églises. Elles entravent la circulation par les rassemblements et les attroupements de personnes qu'elles attirent : enfin elles donnent lieu à des conversations bruyantes, à des discussions plus ou moins vives, qui troublent le prêtre et les fidèles dans l'exercice du culte. Il en résulte même quelquefois des désordres qui portent atteinte au principe de la liberté des cultes que la constitution garantit à tous les citoyens. »

C'est donc à l'idée exprimée dans cette circulaire que l'honorable sénateur voulait en revenir. « Je n'ai pas besoin de vous dire, s'écriait-il, que pendant la période électorale, il y a une très grande liberté de langage, non seulement une grande liberté de parler, mais encore une grande liberté d'écrire, et que les circulaires et professions de foi contiennent souvent, en matière religieuse, des développements qui ne seront peut-être pas à leur place sur les murs des édifices consacrés aux cultes : c'est pour cela que je demande d'introduire dans l'article 16, cette restriction «.... à l'exception des édifices consacrés au culte (1) ».

Vainement M. Griffe, au nom de la commission, essaya-t-il de réfuter les arguments de M. Batbie, la majorité du Sénat était conquise : elle s'affirma par un apport de 23 voix.

La lutte cependant n'était pas terminée : elle allait reprendre de plus belle à la Chambre des députés, au retour de la loi. M. Clémenceau, le 22 juillet 1881, dans un plaidoyer violent, développa contre le Sénat, l'idée même de la commission. Ne pouvant cependant s'attaquer au fond de la discussion, il s'en prit à l'amour-propre de ses pairs :

« C'est toujours le même système, s'écria-t-il. Après avoir étudié, discuté des amendements, des articles additionnels, nous avons réussi à voter un projet de loi, il est renvoyé au Sénat, et le Sénat, après une discussion le plus souvent superficielle, bouscule, — pardon-nez-moi le mot, — ce que nous avons fait et prend des décisions contraires aux nôtres et prétend nous imposer son œuvre ! (2). »

(1) Débats parlementaires, Sénat, séance du 10 juillet 1881.
(2) Débats parlementaires, Chambre, séance du 22 juillet 1881.

Cette virulente diatribe contre le Sénat n'émut pas les députés. M. Lisbonne, au nom de la Commission, demanda la suppression de la restriction :

« On serait en droit de se demander en présence d'une disposition aussi anormale, disait le rapporteur, comment pourra s'effectuer cet affichage essentiel, dans les petites communes, si, d'une part, les maires réservent les murs des mairies et des écoles publiques, si, d'autre part, la loi nouvelle réserve les murs des églises. »

La Chambre voulait à tout prix que la loi fût votée : elle était à la veille de se séparer ; aussi maintint-elle la disposition adoptée par le Sénat pour que le projet de loi n'y retournât pas de nouveau.

Il ne faudrait pas se méprendre sur la portée de la disposition de l'article 16. La défense qu'il édicte est absolue et l'autorité ecclésiastique ne pourrait, par conséquent, donner au candidat l'autorisation que la loi lui refuse.

Cette affirmation semble bien résulter des travaux préparatoires de la loi et des termes mêmes de la discussion devant le Sénat. M. Batbie s'exprimait ainsi à ce sujet : « Je dis que vous ne devez pas autoriser des particuliers, en vertu d'une disposition de votre loi, à faire cet affichage sans la permission, *sans l'autorisation de qui que ce soit.* Je vais même plus loin : il doit y avoir *interdiction* d'une manière *complète, absolue.* On ne doit permettre à aucun candidat, *même avec l'agrément de l'autorité ecclésiastique,* avec celle de la fabrique, si elle

voulait la donner, d'apposer des affiches dont souvent
l'effet serait de porter atteinte à la liberté des cultes (1). »

Et M. Pelletan, le rapporteur de la loi au Sénat, était
de cet avis :

« Si le ministre d'un culte », disait-il dans son rapport, « refusait à un candidat la permission qu'il accor-
derait à un autre, il descendrait par là même dans l'a-
rène électorale, il prendrait parti pour une candidature..
Il vaudrait mieux, dans ce cas, interdire à tous les candidats sans exception, l'affichage de leurs placards sur
les murs des édifices religieux (2). »

La mesure était sage : elle était destinée à prévenir
certaines luttes, trop nombreuses toujours, en matière
électorale. La liberté de l'affichage devait toutefois s'en
ressentir, notamment dans les petites communes qui
ne comptent comme monuments publics qu'une église
et une mairie.

L'éveil était donné à la Chambre des députés. L'article 16 nouveau n'avait été adopté, nous l'avons vu,
que par la crainte qu'avaient les députés d'un second retour de la loi devant le Sénat : les vacances parlementaires approchaient : on avait hâte de se séparer. Aussi
est-ce en grande partie pour cette raison que l'article
fut voté. La Chambre ne se tenait pas cependant pour
battue et se souvenait du coup que, par cette modification, le Sénat avait porté à son amour-propre.

(1) Sénat, séance du 9 juillet 1881.
(2) *Lois annotées.* Sirey, 1882, p. 208, note 32.

Le 10 décembre 1881, M. Labuze, député, au nom
de la première commission d'initiative parlementaire,
chargée d'examiner la proposition de loi de MM. Bas-
tid et Pelisse, lut son rapport. Il y était rappelé en
quelles circonstances la Chambre des députés avait
adopté la modification apportée à l'article 16 par le
Sénat : les raisons favorables aux deux opinions, et notamment celles que la Chambre avait admises, y étaient
relatées.

Certes on n'avait pas besoin de ménager la juste sus-
ceptibilité des consciences religieuses, en ne permet-
tant pas que les discussions politiques soient affichées
sur la porte même des temples, puisque l'intérieur de
ces temples était le siège souvent de la propagande
électorale ! N'était-ce pas aussi encourager le clergé à
soutenir que les églises lui ont été abandonnées, en
toute propriété, que de proclamer l'affectation exclusive
de ces églises aux seules cérémonies du culte (1) !

Quoi qu'il en soit, la modification demandée est toujours à l'état de projet.

L'interdiction de placarder des affiches électorales
sur les édifices consacrés aux cultes est donc, de nos
jours encore, absolue. L'article 16 reste entier, la suppression des mots « autres que les édifices consacrés
au culte » n'ayant pas été votée.

Toutefois l'article 16 n'édicte aucune sanction : il ne

_____

(1) V. Séance du 10 décembre 1881, rapport de M. Labuze, Annexe
n° 242, p. 1975.

s'en réfère pour la répression ni à l'article 2, ni au § 3 de l'article 15. Aucune peine n'est donc applicable. Et si l'interdiction formulée venait à être violée, le fait ne pourrait tomber sous le coup d'aucune infraction. Tout individu pourrait aussi sans risquer d'encourir la sévérité de la loi, enlever, altérer, déchirer les affiches électorales placardées sur les édifices consacrés au culte. L'auteur d'un pareil acte ne serait repréhensible ni au point de vue civil, ni au point de vue pénal (1).

La Chambre criminelle de la Cour de cassation en a décidé ainsi dans un arrêt en date du 18 décembre 1885, par lequel elle rejette le pourvoi du ministère public près le tribunal de simple police du canton du Château (Ile Oléron) contre un jugement rendu par ledit tribunal au profit d'un sieur Gorchon.

Celui-ci avait placardé des affiches électorales sur les murs de l'église du Château d'Oléron. Le ministère public près le tribunal de simple police prétendit reconnaître à cet acte le caractère d'une contravention tombant sous la répression de l'article 15 et de l'article 2 de la loi de 1881.

La Chambre criminelle approuvant la décision du premier juge, donna tort au ministère public.

« Attendu, en droit, dit la Cour, qu'aux termes de l'article 16 de la loi du 29 juillet 1881 les professions de foi, circulaires et affiches électorales pourront être

(1) *Dans ce sens* : Dutruc, n° 105 ; Fabreguettes, t. 1, n° 614 ; Barbier, t. 1, n° 189 ; *Contrà* : Faivre et Benoit-Lévy, p. 78.

placardées sur tous les édifices, *autres que les édifices consacrés aux cultes* ; que cet article n'édicte aucune peine à l'appui de la prohibition de placarder les professions de foi, circulaires et affiches électorales sur les édifices consacrés aux cultes ; qu'il ne se réfère, à cet égard, ni au troisième paragraphe de l'article 15, ni à la disposition de l'article 2 de la même loi.... » (1)

Signalons avant de terminer sur ce point, une proposition du général Robert, au Sénat, tendant à faire bénéficier les murs des casernes, du privilège que l'on venait d'accorder aux édifices consacrés aux cultes.

L'orateur, s'efforçant de démontrer à la commission les inconvénients que présentait l'affichage en ces emplacements, insista surtout sur les rassemblements tumultueux qui, sous l'influence des émotions que produisent en général les luttes politiques, pouvaient avoir lieu aux portes des casernes. L'exécution du règlement sur le service des places et le service intérieur des corps pouvait en souffrir, et de plus l'affichage pouvait avoir pour résultat un conflit entre la force publique et les citoyens.

L'idée était juste, mais comme l'a fort bien fait remarquer l'honorable rapporteur de la loi au Sénat, d'exclusion en exclusion, on arriverait à ne pouvoir afficher sur aucun monument public, car les raisons que le général Robert faisait valoir pour les casernes,

(1) Crim. cass., 18 décembre 1885.

la magistrature pouvait les faire valoir, elle aussi, pour les tribunaux (1). L'amendement mis aux voix fut repoussé : la liberté de l'affichage sur ce point restait donc entière.

TROISIÈME RESTRICTION. — *Défense d'afficher sur les propriétés d'autrui. Protection des affiches électorales, art. 17 §§ 3 et 4 (2).*

Nous avons voulu, dit M. Lisbonne dans son rapport à la Chambre des députés, protéger la liberté de l'affichage, en protégeant l'affiche elle-même.

Il était nécessaire, en effet, après avoir proclamé que l'affiche était libre, de prendre les mesures indispensables pour que cette liberté fût elle-même respectée. Le législateur de 1881 s'en est occupé : l'article 17 lui est consacré. Il se trouvait en présence d'affiches que la loi jusqu'à ce jour n'avait protégées que d'une manière incomplète. L'article 479-9° du Code pénal punissait en effet d'une amende de 11 à 15 francs, ceux qui « méchamment, enlevaient ou déchiraient les affiches appo-

(1) Sénat, séance du 9 juillet 1881. *Journ. off.*, 10 juillet 1881.
(2) *Art.* 17 §§ 3 *et* 4. — Seront punis d'une amende de 5 à 15 fr. ceux qui auront enlevé, déchiré, recouvert ou altéré par un procédé quelconque, de manière à les travestir ou à les rendre illisibles, des affiches électorales émanant de simples particuliers, *apposées ailleurs que sur les propriétés de ceux qui auront commis cette lacération ou altération.*
La peine sera d'une amende de 16 à 100 francs et d'un emprisonnement de six jours à un mois, ou de l'une de ces deux peines seulement, si le fait a été commis par un fonctionnaire ou agent de l'autorité publique, *à moins que les affiches n'aient été apposées dans les emplacements, réservés par l'article* 15.

sées par ordre de l'administration ». L'affiche électorale n'était donc pas visée par la loi pénale. Le lacérateur d'une telle affiche n'encourait que la responsabilité
de l'article 1382. Fallait-il donc continuer à assimiler
ces affiches aux affiches particulières ordinaires? Le
législateur ne l'a pas pensé. Non content de faire tomber le lacérateur de l'affiche électorale sous le coup de
la répression pénale, il a même été au delà, puisqu'à
la différence des affiches de l'autorité qui ne sont protégées qu'à la condition d'être placardées dans les emplacements que le maire, dans chaque commune, aura
réservés à cet effet, la loi de 1881 accorde sa protection
à toute affiche électorale, quel que soit le lieu où elle
est apposée.

Comme l'affiche de l'autorité, l'affiche électorale sera
donc protégée par la loi de 1881. Deux actions s'ouvriront en cas de contravention ou de délit contraventionnel, tant au profit du propriétaire de l'affiche
qu'à celui du détenteur de l'autorité administrative :
l'action civile de l'article 1382 et l'action publique de
l'article 17 (1). Si donc la lacération ou l'enlèvement
d'une affiche cause à celui dans l'intérêt duquel elle
était apposée un préjudice appréciable, ce préjudice
causé par celui qui s'est rendu coupable d'un tel délit
civil ou d'un quasi-délit, suivant qu'il a agi avec intention ou sans intention de nuire, devra être réparé

(1) Cf. Barbier et Fabreguettes, *suprà* cités.

conformément à l'article 1382 du Code civil. Il y aura
là, de plus, un élément de culpabilité tombant sous le
coup de la répression de l'article 17 et qui, suivant la
nature de l'agent, constituera une contravention ou un
délit contraventionnel. Les tribunaux ordinaires seront
seuls appelés à statuer sur la recevabilité de cette action
et l'arrêt d'une Cour qui se déclarerait incompétente
devrait être cassé. C'est ce qu'a décidé la Cour suprême
dans un arrêt du 10 décembre 1879, qui proclame que
le fait imputé à un maire, d'avoir, pendant la période
électorale, et dans une intention déloyale, placardé ou
fait placarder sur les affiches d'un candidat, de manière
à les couvrir et à les faire disparaître, les affiches d'un
autre candidat, que l'autorité administrative supérieure
l'avait uniquement chargé de faire placarder dans la
commune, constitue un fait personnel, distinct de l'affichage, c'est-à-dire, de l'acte administratif qui en a été
l'occasion, et dont, par conséquent, il appartient à l'autorité judiciaire d'apprécier la nature et les conséquen-
ces (1).

C'est ainsi également qu'il a été jugé avec juste raison
que le commissaire de police qui lacère les affiches
d'un candidat tombe sous le coup de la loi pénale et
reste justiciable de l'autorité judiciaire pour le paie-
ment de dommages-intérêts (2).

(1) Cass., 10 décembre 1879, S. 80.1.265 ; Amiens, 16 août 1878,
P.79.825.
(2) Montpellier, 13 janvier 1883, P. 83.1.801.

Il y a donc entre la protection donnée aux affiches électorales et celle accordée aux actes de l'autorité, une très grande ressemblance. L'infraction aux dispositions de l'article 17 §§ 1 et 2 (1) est en effet punie de la même peine que celle qui est relative aux dispositions des §§ 3 et 4 (2). Le lacérateur d'une affiche de l'autorité commettra une contravention et sera justiciable du tribunal de simple police s'il est simple particulier : il en sera de même pour le lacérateur d'une affiche électorale. Si au contraire le fait est commis par un fonctionnaire ou un agent de l'autorité publique, l'acte prendra le caractère d'un délit contraventionnel : le délinquant sera passible dans les deux cas, d'une peine plus forte : il sera justiciable de la police correctionnelle.

Cette ressemblance dans la protection donnée à ces deux sortes d'affiches, avait été proclamée du reste par le rapporteur de la loi.

« L'article 17, disait-il, en assimilant les affiches électorales aux affiches de l'autorité publique, assure aux unes et aux autres la même protection : il édicte

---

(1) *Art.* 17 §§ 1 *et* 2. — Ceux qui auront enlevé, déchiré, recouvert ou altéré par un procédé quelconque, de manière à les travestir ou à les rendre illisibles, des affiches apposées par ordre de l'administration dans les emplacements à ce réservés, seront punis d'une amende de 5 à 15 francs.

Si le fait a été commis par un fonctionnaire ou un agent de l'autorité publique, la peine sera d'une amende de 16 francs à 100 francs, et d'un emprisonnement de 6 jours à 1 mois, ou de l'une de ces deux peines seulement.

(2) *Art.* 17 §§ 3 *et* 4. — Voir *suprà*, page 51.

une même pénalité : il prévoit les mêmes causes d'aggravation. »

C'est donc en vertu de cette ressemblance que nous reconnaîtrons, avec M. Barbier, que pour qu'il y ait sur ce point contravention en matière électorale, il faut :

1° Que les affiches aient été enlevées, déchirées, recouvertes ou altérées par un procédé quelconque. L'article 17 établit ainsi une innovation. L'article 479 § 9 du Code pénal ne punissait que les faits d'enlèvement et de lacération de l'affiche ; ne tombait donc pas sous le coup de la répression le fait de salir cette sorte d'écrit en y lançant de la boue ou des immondices ou en la recouvrant d'un autre écrit. La loi de 1881 a étendu la portée de la répression : il ne la limite plus à ces deux modes de destruction : enlèvement ou lacération.

2 Que l'altération ait eu pour résultat de les travestir ou de les rendre illisibles.

C'est ainsi qu'il a été jugé (1) avec juste raison que la lacération partielle d'une affiche électorale qui n'a porté que sur une minime étendue de l'affiche et sur une partie insignifiante, sans la rendre illisible et en laissant son contexte intact ne tombe pas sous l'application de l'article 17.

Et tout récemment encore, la Chambre criminelle décidait que le fait de coller sur des affiches électorales émanant de particuliers des carrés de papier portant

(1) Cass., 11 novembre 1883, *Pand. Chronol.*, VI, I, 145, Bullet., Cass. crim., 1882, p. 410.

une inscription injurieuse pour les candidats, n'encourt pas l'application de l'article 17 § 3, si, en agissant de la sorte, on n'a pas recouvert le texte des affiches, de manière à les travestir ou à les rendre illisibles (1).

Il ne faudrait pourtant pas interpréter les termes de la loi d'une façon trop indulgente. C'est ainsi que le fait de déchirer une partie du contexte de l'affiche ou d'enlever celle-ci sans la déchirer, constituerait une contravention tombant sous la répression de l'article 17, à moins cependant que l'affiche enlevée n'ait été remise à sa place primitive (2).

Il a été jugé également que présentait le caractère d'une contravention le fait d'appuyer une canne sur une affiche électorale, à l'endroit où est écrit en grosses lettres le nom du candidat, et de déchirer et enlever ce nom, alors même qu'en faisant un effort de raisonnement, ou en recourant à d'autres parties de l'affiche, un lecteur peut reconstituer le nom déchiré (3).

La protection de l'article 17 § 3 s'étend à toute espèce d'affiche, et celui-ci ne fait aucune distinction entre les affiches imprimées ou manuscrites, revêtues d'une ou plusieurs signatures, ou anonymes : la loi protège même les placards électoraux. Il a été jugé, d'après ce principe, que le fait de lacérer ceux-ci avec l'intention d'empêcher

(1) Crim. rejet, 24 juillet 1896, D. P. 96. I. 568.
(2) D. *Rép.*, V° *Contravention*, n°ˢ 489, 491. Cf. Crim. rejet, 6 octobre 1832.
(3) Trib. paix Amiens, 26 février 1886, *Journ. Aud.*, aff. Hébert, Amiens, 1886, p. 111.

les habitants d'en prendre connaissance, caractérise
suffisamment l'infraction (1).

Cette jurisprudence de la Cour de cassation n'a pas
été acceptée par tous. Un article paru dans la *Gazette
des Tribunaux* sous la signature de M. Daffry de la Monnoye (2) la critique, en ce qui touche l'assimilation que
fait la Cour suprême entre les affiches signées et les
affiches anonymes. Se rapportant à l'esprit de la loi
telle qu'elle a été discutée et votée sur ce point, l'auteur
se demande si c'est bien exercer publiquement un droit,
que de se déguiser sous l'anonymat.

Le rapporteur, M. Lisbonne, n'indique-t-il pas assez
que, dans chaque affiche, il s'attend à rencontrer un
candidat ou un électeur, lorsqu'il déclare que « les affiches électorales ont un caractère général de premier
ordre, puisqu'elles constituent un des actes par lesquels
s'exerce publiquement le suffrage universel (3).

L'auteur a raison, selon nous : l'interprétation de la
loi par la Cour suprême est véritablement trop extensive
et nous souhaitons que celle-ci revienne sur sa décision.
Nous pensons en effet que le fait de placarder une affiche anonyme est un acte qui ne peut s'assurer la protection de la loi, celle-ci ayant voulu reconnaître dans
toutes les manifestations produites par les affiches une

(1) Cass. crim., 17 janvier 1886, S. 86.1.144.
(2) *Contrà*, Daffry de la Monnoye, *Gaz. des Tribunaux*, 29-30 mars
1886.
(3) Extrait du rapport de M. Lisbonne, Chambre des députés.

idée de loyauté et de responsabilité qui doit être commune. Aussi, pensons-nous avec l'estimable auteur, qu'il n'y a d'affiche électorale que lorsqu'il y a signature, et ce ne serait pas faire œuvre de justice que de permettre plus longtemps à l'auteur anonyme d'un placard diffamateur et mensonger, de rester impuni, grâce à un procédé déloyal, pendant toute la durée d'une période électorale.

L'article 17 ne parle, à propos de la protection qu'il accorde aux affiches, que de celles qui sont *apposées* (1). Sur ce point la loi du 29 juillet 1881 n'a pas innové. L'article 479, § 9, comme l'article 17 qui régit cette matière aujourd'hui, n'envisageait déjà que le cas de lacération d'une affiche apposée : on ne pourrait en conséquence, reconnaître les caractères d'une contravention au fait de déchirer l'affiche avant qu'on l'apposât. Le propriétaire aurait seulement, en cas de dommage appréciable, la ressource de l'action civile en dommages-intérêts. La question, aujourd'hui tranchée, a fait l'objet de nombreuses discussions. Certains auteurs se proclamaient en effet partisans de l'extension que l'on devait donner tant à l'article 479 qu'à l'article 17 de la nouvelle loi. L'adage « *Pœnalia non sunt extendenda* » a prévalu (2).

Il ne faudrait pas déclarer cependant que le simple fait de déchirer ou de lacérer une affiche électorale

---

(1) V. art. 17, § 3 *in fine.*
(2) V. D., *Rép.*, Vº *Contravention*, nº 490.

apposée pût constituer dans tous les cas une véritable
contravention. Nous verrons plus bas, en étudiant les
caractères de la restriction apportée par la loi elle-même
à la protection de l'affiche électorale que le lacérateur
ne fait qu'user de son droit de propriétaire lorsqu'il
supprime le placard posé sur ses murs, sans son auto-
sation. Notons, seulement à cette place, que ne serait
pas répréhensible aux yeux de la loi pénale, et par conséquent tombant sous la répression de l'article 17, le
fait d'enlever ou de déchirer une affiche n'ayant plus un
intérêt réel ; nous entendons par là, l'affiche qui a fait
son temps.

La période électorale étant terminée et le scrutin clos,
celle-ci devient en quelque sorte une *res nullius* : elle
n'a plus aucune utilité : elle tombe dans le domaine
public.

« Il est bien entendu, dit M. Lisbonne dans son rapport, que l'infraction prévue par cette disposition
n'existe plus si l'affiche enlevée, lacérée, recouverte ou
altérée, a fait son temps, c'est-à-dire si l'acte, si l'opé-
ration qu'elle a en vue sont tombés dans le domaine des
faits accomplis (1). »

Aucune infraction à l'article 17 ne serait commise
également, si l'affiche électorale avait été enlevée ou
lacérée à un endroit où elle n'aurait pas dû être placée.
Cette exception à la protection accordée aux affiches,

(1) V. Sirey, *Lois annotées de* 1882, p. 209, note 35. Celliez et Le
Senne, p. 121.

notamment en matière électorale, nous la retrouverons
lorsque nous parlerons du respect dû à la propriété, à
propos de l'affichage. Remarquons seulement dès maintenant, avec la circulaire ministerielle du 9 novembre
1881, « qu'il n'y aurait pas de contravention si les affiches enlevées avaient été placardées sans droit, ou dans
les lieux et emplacements prohibés. Ainsi le fonctionnaire n'encourt aucune peine lorsqu'il enlève les affiches électorales apposées sur des emplacements réservés à l'administration (1). »

Une question importante, et qui n'est pas encore
tranchée de nos jours se pose à propos de la rédaction
de l'article 17.

L'article 479, § 9 du Code pénal, qui régissait cette
matière avant le vote de la loi de 1881, faisait de l'intention malveillante un élément constitutif de l'infraction prévue par cet article (2).

Le mot *méchamment* ayant disparu de la nouvelle
rédaction de l'article 17, certains auteurs se demandent
si l'intention malveillante est toujours nécessaire pour
constituer la contravention. Il s'est établi sur cette
question deux systèmes.

Suivant un premier système, qui nous paraît être le
meilleur, on ne devra pas tenir compte de l'intention.
L'infraction à l'article 17 est une contravention et non
pas un délit et il est un principe général de droit pénal

---

(1) *Bullet. off. minist. de la justice*, année 1881.
(2) Crim.rejet, 6 octobre 1832 ; 12 février 1852 , D. P. 52.5.15.

qui dit que l'absence d'intention malveillante, en matière de contravention, n'est pas une cause d'excuse (1).
Or, M. Lisbonne dit dans son rapport : « L'intention de
l'agent est ici un des éléments essentiels du délit, le
mot *méchamment* avait été introduit dans la rédaction
primitive de l'article, la commission ne l'a pas maintenu, mais uniquement parce qu'elle l'a jugé inutile ; il
est donc évident que, si une affiche n'a plus d'utilité,
le fait d'y avoir porté atteinte n'est plus répréhensible ;
ceci rentre dans l'appréciation des moyens de défense
du prévenu (2).

Nous reconnaissons que ce passage des travaux préparatoires est des plus obscurs, mais il est facile de
remarquer avec M. Barbier, que l'intention malveillante
du lacérateur, ne doit être envisagée que lorsque l'affiche n'a plus aucune utilité ; par conséquent toutes les
fois qu'une utilité quelconque sera encore reconnue à
l'affiche, le fait brutal en lui-même suffira pour déterminer l'infraction. M. Fabreguettes (3) n'est pas de cet
avis : l'honorable auteur estime que l'intention malveillante est nécessaire comme élément constitutif de la
contravention : mais il ne permet pas au prévenu de
faire la preuve de l'absence de cette intention. Il se
trouve d'accord sur ce point avec la jurisprudence qui,
malgré que les infractions à l'article 17 ne soient que

(1) V. Barbier, t. I, p. 171.
(2) Rapport de M. Lisbonne, Chambre des députés.
(3) V. Fabreguettes, t. I, n° 628.

de simples contraventions, a pour principe de ne faire tomber le lacérateur sous le coup de la répression de l'article 17, que s'il est reconnu avoir agi avec intention nuisible. C'est ainsi que la Chambre criminelle a jugé que la lacération des affiches électorales ne constitue la contravention prévue et punie par l'article 17, § 3, qu'autant que cette lacération a été accomplie dans une intention malveillante, et le jugement qui condamne les auteurs de cette infraction doit, à peine de nullité, constater qu'ils ont agi avec cette intention (1).

Suivant ce principe, la Cour d'appel de Poitiers a décidé que devait être renvoyé des poursuites le maire qui n'a fait lacérer des affiches électorales que dans le but d'éviter des troubles et des rixes qui étaient sérieusement à craindre (2).

Nous pensons, quant à nous, qu'il existe là un véritable conflit entre la doctrine et la jurisprudence qui semble vouloir méconnaître les principes élémentaires en matière de contraventions.

Répression. — L'infraction à l'article 17 (3) § 3, est une contravention. Le fait d'enlever, lacérer, ou altérer une affiche électorale, lorsque l'agent est un simple

---

(1) Cass. crim., 3 avril 1886, S. 86.1.287, P. 86.1.672, D. P. 86.1. 475, *Gaz. Pal.*, 86.1.766. — Cf. Cass. crim., 16 janvier 1886, *suprà* cité, D. P. 86.1.430.

(2) Cour Poitiers, 28 mai 1886, S. 86.2.223, P. 86.1.1224, *Gaz. Pal.*, 86.2.174. Aff. Baussant et consorts *c.* Baonneau et Riffaud. -- Cf. Trib. corr. Melle, 30 janvier 1886, *Gaz. Pal.*, 86.1.353.

(3) V. texte de l'article 17 précité, p. 51, et voir discussion sur la nature de l'infraction à propos de l'article 2, p. 11.

particulier, c'est-à-dire lorsqu'il n'a pas la qualité de fonctionnaire public ou d'agent de l'autorité publique, tombe sous le coup de la répression du tribunal de simple police (art. 45, § 3). La punition est une amende de 5 à 15 francs. C'est une de ces infractions qui consiste dans l'accomplissement d'un fait.

Le Code pénal (art. 59 et 60) n'admettant pas la complicité en matière de contraventions, les poursuites ne pourront être exercées que contre l'auteur principal. De même, le principe prohibitif du cumul des peines édicté par l'article 365 (C. instr. crim.) ne s'appliquant qu'en matière de contraventions punies de peines correctionnelles, restera sans application en matière de contraventions de simple police (1). C'est ainsi que par un arrêt du 9 janvier 1880, la Cour de cassation a décidé que l'article 63 de la loi du 29 juillet 1881, qui interdit le cumul des peines en cas de plusieurs crimes ou délits de presse, ne s'applique pas aux contraventions de simple police (2). Chaque infraction au § 3 de l'article 17 est donc une infraction punissable de l'amende précitée.

Le fait s'aggrave, d'après l'article 17, § 4, lorsqu'il est commis par un fonctionnaire ou agent de l'autorité publique : il devient, dit M. Lisbonne dans son rapport, un délit passible de peines correctionnelles. Cette aggravation, prise de la qualité de l'auteur du méfait, a sa

---

(1) V. Barbier, p. 174 et Thibierge, thèse précitée sur la complicité.
(2) V. Georges Leloir, *C. inst. crim.*, 1898, p. 386, n° 68. Arrêt cass. crim., 9 janvier 1890.

raison d'être : elle trouve des analogies dans de nombreuses dispositions du Code pénal (art. 111, 112, 145, 146, etc....). Or, que faut-il entendre par l'expression : fonctionnaire public ou agent de l'autorité publique. Nous pensons qu'il faut faire rentrer sous cette qualification, toutes les personnes dont l'article 31 (1) donne l'énumération, à l'exception de celles qui sont chargées d'un service ou un mandat public temporaire ou permanent.

Il semblerait résulter du rapport de M. Lisbonne que le fait devient un véritable délit. Or il n'en n'est rien : l'infraction est une contravention purement matérielle : le caractère n'est pas changé : il est le même dans le second cas que dans le premier : l'aggravation résultant de la qualité de l'agent se manifeste seulement dans la peine et la substitution d'une juridiction à une autre (2). Nous sommes donc en présence d'un de ces délits contraventionnels (3), dont il a été parlé plus haut, qui ont le caractère d'une contravention et qui sont de la compétence de la justice correctionnelle. Le fait purement matériel constaté, l'excuse de la bonne foi ne pourrait être allégué (4). C'est ce qu'a décidé le tribu-

_____

(1) *Art.* 31... un ou plusieurs membres du ministère, un ou plusieurs membres de l'une ou de l'autre Chambre, un fonctionnaire public, un dépositaire ou agent de l'autorité publique, un ministre de l'un des cultes salariés par l'État, un citoyen chargé d'un service ou d'un mandat public temporaire ou permanent, un juré ou un témoin, à raison de sa déposition.

(2) V. Barbier, p. 173, n° 197.

(3) V. Théorie, *suprà*, p. 3 et suiv.

(4) *Contrà*, Dutruc, n° 111 ; Fabreguettes, t. I, n° 629.

nal de St-Jean d'Angély dans un jugement correctionnel du 16 décembre 1881, dont nous avons déjà parlé.
Il s'agissait d'un brigadier de gendarmerie poursuivi
pour enlèvement d'affiches et qui voulait se retrancher
derrière l'excuse de la bonne foi, en se prévalant de la
réquisition de son maire. Le tribunal a justement déclaré que cet agent tombait sous le coup de l'article
17 § 4 et qu'il ne pouvait être excusé à raison de sa
bonne foi.

Remarquons cependant, avant de terminer sur ce
point, que la loi ne punit pas le fonctionnaire qui aurait lacéré ou enlevé les affiches électorales apposées
dans les emplacements réservés par l'article 15. Nous
sommes, en effet, en présence d'une restriction apportée
à la liberté de l'affichage analogue à celle que la loi a
édictée en faveur des propriétés et dont nous allons
aborder l'étude à l'instant même.

Le grand principe de la liberté de l'affichage ne pouvait cependant pas porter préjudice au droit de propriété
individuelle. Les législateurs ont, en effet, reconnu de
tous temps que le droit de propriété doit demeurer
entier. Aussi ne pouvait-on pas, en prétextant de l'utilité
indiscutable du suffrage universel, forcer les citoyens à
tolérer sur les murs de leurs propriétés et sans leur
consentement, l'apposition d'affiches électorales. L'idée
était tellement naturelle, qu'aucune discussion n'eut
lieu au Parlement à ce sujet. Il fut de suite entendu,

qu'au point de vue de la liberté de l'affichage, une grande
distinction devait être nécessairement établie, entre les
propriétaires des édifices publics et les propriétaires
des édifices privés. C'est ainsi que l'on reconnut sans
contestation aucune que les premiers, l'État, les dépar-
tements, les communes ne pouvaient se prévaloir de
leur droit de propriété pour entraver la liberté de l'affichage électoral. L'article 16 fut rédigé et voté dans ce
but. Quant aux seconds, les propriétaires privés, en
vertu de ce grand principe que le droit de propriété est
absolu, la protection donnée aux affiches électorales
ne pouvait, quelque étendue qu'on puisse lui donner,
leur porter préjudice (1).

Cette idée fut l'objet de l'article 17, § 3.

Il demeura naturellement entendu qu'en vertu de ce
même droit de propriété, tout citoyen pourrait librement
disposer de son droit de propriétaire et donner son consentement pour l'apposition d'affiches électorales. Ce
consentement peut être tacite : les candidats le savent
bien, car il n'est pas rare de voir en temps d'élection,
certains d'entre eux, recouvrir les propriétés privées
de leurs placards multicolores. Sans prendre la peine de
solliciter l'autorisation expresse des divers propriétaires, ils comptent sur l'esprit de tolérance de ceux-ci
sachant bien qu'ils ne risquent ainsi pour tout ennui
que le fait de voir déchirer ou lacérer leurs affiches,
pour la plupart de valeur insignifiante.

(1) Trib. Seine, 25 janvier 1882.

C'est dans cet esprit que fut rédigée la circulaire ministérielle du 9 novembre 1881 (1). « Les particuliers, dit le Garde des sceaux, sont libres d'accorder ou de refuser l'autorisation de placarder des affiches quelconques, électorales ou autres, sur leurs propriétés. » La Cour de cassation a décidé en conséquence, par arrêt du 11 novembre 1882, que les propriétaires ont le droit d'interdire l'apposition sur leurs immeubles des affiches électorales émanant de simples particuliers, et en cas d'apposition opérée, de les faire enlever (2).

Cette jurisprudence est conforme à l'idée de la loi et de son rapporteur qui déclarait à la Chambre des députés que la réserve du paragraphe 3 de l'article 17 n'était qu'un hommage rendu au droit de propriété lui-même (3).

C'est également en vertu de ce principe, que le Conseil d'Etat a décidé qu'un propriétaire qui lacère une affiche électorale apposée sans son consentement sur le mur de sa maison ne fait qu'exercer un droit lui appartenant, et que par suite ce fait ne peut être invoqué à l'appui d'une réclamation contre la validité de l'élection (4).

Le droit de propriétaire étant entier, la Chambre

(1) V. Circ. minist., 9 novembre 1881 précitée, *Bull. minist. justice*, 1881.
(2) Crim. Cass., 11 novembre 1882, D. P. 83.1.361.
(3) Séance du 25 janvier 1881.
(4) Conseil d'Etat, M. Soulié, rap. Le Vavasseur de Précourt, concl., Elect. de Villeneuve d'Aveyron, du 27 février 1883.

criminelle de la Cour suprême a décidé que les termes
de l'article 17 étaient généraux et qu'il n'y avait pas
lieu de distinguer si le propriétaire habite ou n'habite
pas sa propriété, si elle est occupée ou non par des
locataires, et si ces derniers avaient ou non, donné leur
consentement à l'apposition des affiches enlevées et la-
cérées (1).

Il a été également jugé avec juste raison, que le propriétaire pouvait déléguer un tiers pour enlever les affiches apposées contre son gré sur sa propriété, et que ce
tiers ne commettait par le fait même aucune contravention (2). On ne pourrait en effet astreindre le propriétaire à enlever lui-même les affiches apposées sans
son consentement ; ce droit que la loi lui conférait directement, elle ne pouvait le lui ravir d'une façon indi-
recte. C'est là à notre avis une manifestation de l'in-
tégralité du droit de propriété.

L'article 578 du Code civil dit que l'usufruitier a le
droit de jouir de la chose, comme le propriétaire lui-
même. Il doit donc, ayant un droit réel sur cette chose,
avoir toutes les immunités que la propriété confère au
propriétaire, à l'exception du droit d'abuser. C'est ainsi
que, conformément aux dispositions du Code civil, la
Cour de cassation a reconnu que l'usufruitier, qui est

(1) Cass. crim., 20 janvier 1883, S. 83.1.408, 85.1.133, P. 83.1.
1201, D.P. 84.1.138, *Gaz. Palais*, 83.2.131.
(2) **Cass.**, 31 décembre 1885, *Gaz. Pal.*, 86.1.209, S. 86.1.144, P.
86.1.305.

investi du droit de jouir exclusivement de l'immeuble grevé d'usufruit, a le même droit que le propriétaire de faire respecter son droit propre contre les faits qui en troublent la jouissance (1).

Ici se place l'étude d'une question sur la solution de laquelle la doctrine et la jurisprudence ne sont pas d'accord. C'est celle de savoir si le curé a le droit d'enlever les affiches électorales apposées, sans son autorisation, sur les murs de son presbytère.

Notons dès maintenant que la Cour suprême lui reconnaît ce droit. Par un arrêt en date du 11 novembre 1882, la Chambre criminelle a décidé que celui-ci peut interdire l'apposition sur son immeuble des affiches électorales émanant de simples particuliers, et en cas d'apposition opérée, de la faire enlever, parce qu'il est investi sur le presbytère d'un droit spécial de jouissance équivalant à celui de l'usufruitier (2). Et la Cour d'appel de Poitiers, par deux arrêts en date du 29 juin 1883, a reconnu que le presbytère est une habitation privée et que le desservant a sur l'immeuble un droit d'usufruit spécial, qui lui confère, sur la chose et sur ses dépendances nécessaires, des droits de jouissance absolus et exclusifs (3).

Cette jurisprudence est conforme aux travaux prépa-

(1) Crim. cass., 11 novembre 1882. Même arrêt que ci-dessus.
(2) Crim. rejet, 11 novembre 1882 (aff. minist. pub. c. Bergerat), *suprà* cité.
(3) Arrêts, 29 juin 1883. Cour de Poitiers. Aff. minist. public c. Ribert et minist public c. Vigneron.

toires de la loi ainsi qu'aux termes de la discussion qui
eut lieu au Sénat, au moment de l'adoption de l'article 16. M. Batbie ne disait-il pas que le presbytère est
un domicile privé, le domicile d'un citoyen ; que par
conséquent on ne saurait, sans porter atteinte à ce domicile, apposer des affiches privées sur les murs de
l'habitation curiale.

Malgré ces arrêts qui paraissent décisifs, la jurisprudence ne qualifie pas nettement le droit qui appartient
aux curés sur leurs presbytères. C'est ainsi qu'un arrêt
du 9 juin 1882, *parle d'usufruit spécial et d'habitation* (1),
que celui du 11 novembre de la même année, l'appelle,
comme nous l'avons vu, *un droit de jouissance équivalent
à un usufruit*, et qu'enfin l'arrêt du 16 février 1883 (2)
le qualifie *de droit de jouissance sui generis*. Il y a là
un point très important, qui malheureusement, n'est
pas établi d'une façon assez nette dans notre législation.

Malgré ces légères différences dans les divers arrêts
que nous venons de citer, la jurisprudence reconnaît
donc de nos jours, aux curés, d'une manière constante,
le droit d'enlever les affiches électorales apposées, sans
leur consentement sur les murs de leurs presbytères,
de même qu'elle autorise le maire à choisir ces mêmes
murs pour l'emplacement de leurs affiches officielles.

Critique. — La doctrine en général et en particulier
MM. Th. Ducrocq et Barbier ne leur reconnaissent pas ce

(1) Crim. cass., 9 juin 1882, D. P. 83.1.390.
(2) Crim. rejet, 16 février 1883, D. P. 83.1.361.

droit. Dans une très remarquable note qu'il fit paraître
à propos des arrêts de la Cour de Poitiers du 29 juin
1883 (1), M. Ducrocq établit que les presbytères sont affectés *administrativement* aux curés, que relevant en conséquence uniquement du droit public, les difficultés que
ces questions soulèvent, ne peuvent être tranchées en
aucune façon par l'autorité judiciaire. C'est donc l'autorité administrative qui doit décider si les curés peuvent véritablement s'opposer à l'apposition des affiches
de l'autorité et des affiches électorales. L'honorable
auteur s'empresse de déclarer qu'il y a lieu d'assimiler
les presbytères aux nombreux édifices affectés à l'habitation des fonctionnaires, et d'autoriser par conséquent
les candidats à placarder leurs affiches sur les presbytères et palais épiscopaux.

Tel est l'état de la question à l'heure actuelle. Malgré
l'autorité magistrale des deux auteurs, nous pensons
quant à nous avec la jurisprudence, que les curés doivent être compris dans la disposition de l'article 17 § 3
in fine ; et sans vouloir discuter la question si délicate
de savoir à quelle juridiction, administrative ou judiciaire, doit appartenir le droit de trancher de telles
difficultés, nous estimons que le fait de couvrir les presbytères de placards de toutes natures et particulièrement anti-cléricaux pourrait être la source de discussions et de procès que la jurisprudence, grâce à sa

(1) V. note, M. Ducrocq sous Poitiers, D. P. 1883.1, p. 169 et suiv.
et Barbier, t. I, p. 178, n° 203.

manière d'interpréter la loi, a eu, jusqu'à présent, le pouvoir d'empêcher de naître.

Remarquons en outre avant de terminer sur ce point, que nous avons envisagé l'hypothèse la plus commune, c'est-à-dire celle où le presbytère est une propriété communale, et nous savons que cette condition est remplie lorsque l'immeuble a été acquis par la commune, ou qu'il a été remis par l'Etat, en exécution de la loi du 10 germinal an X (1).

M. Ducrocq, dans la note si détaillée que nous avons citée, nous rappelle que le presbytère peut aussi appartenir aux fabriques, ou même à la *mense curiale*, en vertu du décret du 6 novembre 1831. A plus forte raison donc, dans cette hypothèse, reconnaîtrons-nous que le curé doit bénéficier de la disposition de l'article 17 § 3 *in fine*, puisqu'il s'agira là d'un droit d'usufruit, la cure étant propriétaire du bien. La commune n'aura donc en ce cas en aucune façon le droit de s'opposer au titre d'usufruitier revendiqué par le curé, puisqu'il s'agira du droit ordinaire de l'usufruitier reconnu par la jurisprudence que nous avons rapportée plus haut (2).

Nous espérons enfin, quant à nous, que la Cour de cassation ira encore plus loin dans la voie qu'elle semble vouloir suivre et qu'au lieu de paraître hésitante sur la qualification à donner au droit du curé en cette matière, elle reconnaîtra nettement qu'il s'agit là d'un véri-

(1) V. de Valles, *Code de la période électorale*, 1893.
(2) Voir arrêt, 11 novembre 1882, Crim. cass., *supra*, p. 75.

table droit *d'usufruit* et non de ce droit *sui generis* dont
elle parle dans ses arrêts. Cette affirmation, comme le
fait observer l'honorable auteur, M. de Valles, pourrait avoir une grande importance le jour où la Cour de
cassation revenant sur sa première interprétation, un
changement interviendrait dans la législation : la sépa-
ration de l'Eglise et de l'Etat.

Nous avons vu (1) qu'aucune difficulté ne peut être
soulevée à propos de la disposition *in fine* du paragraphe 3 de l'article 17, lorsque les affiches électorales ont
été enlevées par le propriétaire qui occupe la totalité de
la maison, et qu'il en est de même pour l'usufruitier ;
la question devient plus délicate lorsqu'il s'agit du
locataire. Allait-on lui donner les mêmes droits qu'au
propriétaire ou le priver de la disposition que la loi
accordait à celui-ci ?

Sur ce point encore, la jurisprudence et la doctrine
ne sont pas d'accord ; les auteurs eux-mêmes ne profes-
sent pas la même opinion. Il s'est formé plusieurs systèmes dont deux surtout sont en honneur. Nous verrons
que la jurisprudence en a adopté un troisième.

Un certain nombre d'auteurs et en particulier
M. Dutruc (2), se basent sur les travaux préparatoires
de la loi et se prévalent pour défendre leur système de
la discussion même sur ce point au Parlement. Ne res-
sort-il pas clairement, disent-ils, du rejet de la propo-

(1) V. *suprà*, p. 71 et suiv.
(2) V. Dutruc, *op.* cité, n°ˢ 113 et 114.

sition de M. Lorois, à la Chambre des Députés, que la disposition édictée en faveur du propriétaire ne peut s'étendre au locataire, particulier ou principal? « Je voudrais, déclarait M. Lorois, pour soutenir son amendement, faire observer à la Chambre que la commission ayant fait une réserve seulement pour le propriétaire, il pourrait en résulter qu'un candidat, qui habiterait une maison dont il ne serait pas propriétaire serait exposé à ce qu'on couvrit sa porte et toute son habitation d'affiches qui l'attaqueraient.

Comme il s'agit ici d'une disposition pénale dont les termes doivent être étroits et obligatoires, et qu'une exception n'est faite à l'application de la peine qu'autant que la personne qui lacère les affiches est propriétaire de la maison sur laquelle elles sont apposées, le simple locataire ou habitant d'une maison n'aurait pas le droit d'enlever une affiche et serait puni d'une amende s'il le faisait? Je crois que vous reconnaîtrez combien il serait pénible pour les habitants de voir la maison qu'ils habitent, mais dont ils ne sont pas propriétaires, couverte d'affiches qui les attaquent, ou qui attaquent le parti auquel ils appartiennent (1) ».

En conséquence, M. Lorois proposait d'ajouter dans le paragraphe 3 à la suite des mots « sur les propriétés » ceux-ci « ou de l'habitation ». La proposition était acceptable. Devait-on en effet juridiquement priver le locataire de l'exercice de ses droits et permettre, contraire-

(1) Chambre des Députés, séance du 25 janvier 1881.

ment aux règles du louage, qu'il fût troublé dans sa jouissance, suivant le bon ou le malicieux vouloir des candidats? L'intervention protectrice du propriétaire pouvait,
il est vrai, se produire ; mais combien de fois celui-ci,
soit par insouciance, soit par crainte de déplaire au candidat qu'il patronne peut-être, aurait-il usé de son droit?
A la proposition si équitable de M. Lorois, la commission, se basant sur les mêmes raisons qu'elle avait in-
voquées au moment de la discussion de l'amendement
du général Robert au profit des casernes (1), opposa
une fin de non-recevoir absolue. M. Lelièvre déclara
en son nom qu'on avait fort bien compris qu'il n'était
pas possible d'obliger le propriétaire d'une maison à
respecter les affiches qui se trouvent sur sa propriété,
mais que la même faveur ne pouvait être accordée au
locataire. « Veuillez bien remarquer, ajoutait-il, que,
si la maison était habitée par vingt locataires, il suffirait que l'affiche déplût à l'un d'eux pour qu'il pût l'enlever. Or si dans chaque maison d'une ville, il se trouvait qu'un locataire éprouvât ce déplaisir, les affiches
disparaîtraient complètement de tous les murs et de
toutes les maisons de cette ville (2). »

L'argument était solide quoique l'hypothèse fut assez invraisemblable. Bref l'amendement fut rejeté : sur
ce point encore la liberté de l'affichage triomphait.

De ces considérations, un certain nombre d'auteurs

(1) V. *suprà*, page 50.
(2) Même séance, *Journal officiel* du 26 janvier 1881.

et particulièrement M. Dutruc conclurent que le locataire, fut-il même unique et occupant tout l'immeuble
loué, ne pourrait pas se prévaloir de la disposition dont
bénéficiait le propriétaire. M. Dutruc lui accordait seulement la faculté de poursuivre les auteurs du trouble,
suivant les dispositions de l'article 1725 du Code civil (1). Ce système qui tend à priver dans tous les cas
le locataire du droit d'enlever les affiches électorales
apposées sur l'immeuble loué, sans son consentement,
est trop absolu. Malgré l'autorité de M. Dutruc et des
travaux préparatoires de la loi, il semble être inacceptable, car il prive le locataire des droits que le contrat
de louage lui accorde.

D'après un second système, qui a pour lui l'autorité de
M. Barbier (2), il faudrait étendre la disposition de l'article 17 à tous les locataires sans exception. L'honorable
auteur part de ce principe, qui est capital en matière de
contrat de louage, que le locataire d'un appartement
est réputé, à moins de conventions contraires, avoir
loué la façade extérieure de la maison, dans la partie
qui correspond à sa location, depuis le niveau du plancher jusqu'à la hauteur du plafond (3), et M. Barbier,
reprenant le raisonnement de M. Fabreguettes, déclare
que, le propriétaire ne pouvant apposer des enseignes

(1) V. Dutruc, n° 114.
(2) V. Barbier, t. 1, n° 204.
(3) V. Trib. Seine, 4 juillet 1843, *Droit*, 5 juillet 1843 ; Pau, 5 février 1858, S. 59.2.358 ; Seine, 7 juillet 1880, *Moniteur des juges de
paix*, 80, p. 403.

ou écriteaux dans la partie de la façade affectée au locataire, ce même locataire pourra enlever les affiches
placardées sur la façade de son appartement. Ici se
séparent les deux auteurs. M. Fabreguettes ne reconnaît ce droit qu'au locataire unique (1). M. Barbier prétend, au contraire, que cette faculté doit être étendue
à tous les locataires, mais que chacun ne pourra enlever que les affiches placées sur la partie de la façade
correspondant à sa location. Ce système, déclare-t-il,
tient compte des observations de M. Lelièvre, et se base
sur les règles élémentaires du contrat de louage. Ne
serait-il pas absurde, par exemple, de relever une contravention contre un boutiquier, qui enlèverait une
affiche électorale placée sans son consentement sur la
devanture de son magasin ? Du fait même que cette
permission serait octroyée au locataire, le propriétaire,
suivant M. Barbier, n'aurait pas moins le droit d'enlever
ces affiches apposées du consentement même du locataire ; celui-ci n'est-il pas tenu en effet de jouir de la
façade conformément à la destination qui lui a été donnée (2) ? La théorie de l'éminent auteur n'est pas celle
qui a été adoptée par les tribunaux ; il a été jugé qu'il
appartient non au propriétaire, mais au locataire, d'autoriser l'apposition d'affiches sur la façade de la maison

(1) Cf. art. 1725. C. civ., art. 544, 545 ; V. Bazille et Constant,
n° 99 ; Faivre et Benoit-Lévy, P. 81 ; Trib. pol. de Lussac-les-Châ-
teaux, 24 septembre 1881. *Contrà*, Dutruc, n°ˢ 113-114.
(2) V. Cass. crim., 11 novembre 1882. L. N. 83.3.99. 219 etc., et
Barbier, n° 204.

louée, le locataire ayant la jouissance et l'usage de l'immeuble tant extérieurement qu'intérieurement. Dès lors, ajoute la partie doctrinale de l'arrêt, le propriétaire est sans qualité pour se plaindre de cet affichage et il ne peut invoquer l'article 17, § 3 de la loi de 1881 pour réclamer des dommages-intérêts à l'individu qui a apposé des affiches. Le propriétaire est en effet présumé avoir aliéné le droit qui lui appartient en principe, soit de faire apposer sur son immeuble les affiches qui lui conviennent, soit de faire enlever celles qu'il ne lui plaît pas de respecter (1).

Si le premier système est trop restrictif, celui-ci, quant à nous, ne peut être accepté par cela même qu'il est trop extensif. Il est bien évident, en effet, que l'on ne peut retrouver, dans une telle interprétation de l'article 17, l'idée qui a présidé à la discussion des travaux préparatoires et à la rédaction finale de la loi sur ce point. Aussi la jurisprudence a-t-elle suivi une voie intermédiaire, conciliant ainsi les principes du louage avec la volonté du législateur de 1881.

Un grand nombre d'auteurs la précédèrent et suivirent dans cette voie (2). La Cour de cassation établit, en effet, une grande distinction pour l'interprétation de l'article 17. S'agit-il d'un locataire unique, il sera assimilé à l'usufruitier et on lui reconnaîtra les mêmes droits

(1) Trib. La-Roche-s.-Yon, 24 mars 1886, *Gaz. trib.*, 4 mai 1886 ; Trib. simp. police Chemillé, 20 octobre 1881.

(2) V. Bazille et Constant, *Code de la presse*, n° 99, p. 161 ; Faivre et Benoît-Lévy, Fabreguettes, etc.

qu'au propriétaire (1). S'agit-il, au contraire, d'une maison livrée à plusieurs locataires, aucun d'eux n'aura le droit d'enlever les affiches électorales apposées sur la façade correspondant à la partie de l'immeuble où il habite. Et M. le conseiller Vételay fait judicieusement remarquer, dans son rapport, que cette jurisprudence sera d'accord avec les principes des travaux préparatoires. La portée de l'amendement de M. Lorois est en effet générale et M. Lelièvre dans sa réponse, n'a envisagé que le cas particulier de la maison louée à plusieurs locataires. Il semble donc, déclare l'honorable conseiller rapporteur, que cette interprétation de l'article 17 soit la seule véritablement conforme aux travaux préparatoires de la loi sur ce point.

Critique. — Tout en reconnaissant la sagesse de l'interprétation de l'article 17 par la Cour de cassation qui est de tous points conforme à l'idée du législateur, nous ne pouvons, quant à nous, nous soumettre complètement à cette distinction que M. Lelièvre, avant la Cour suprême, semble avoir adoptée. Tout en estimant qu'il faut donner à l'affichage électoral la liberté la plus grande, nous pensons aussi que le fait de subir de la part des locataires sur leur façade respective, le trouble continuel des batailles de colleurs d'affiches ou des rassemble-

(1) Crim. cass., 15 novembre 1884, *Pand. chron.*, VI, 1, 301 ; *Bull. cass. crim.*, 1884, p. 597. *Gaz. Pal.*, 84.2.704, S. 85.1.286. P. 85.1. 686, D. P. 85.4.72 ; conf. D. P. 81.4.72, note 2 ; conf. Cass., 11 novembre 1882, *suprà* cité.

ments plus ou moins tumultueux d'électeurs autour des
placards, constitue une sorte d'usurpation de jouissance
pour cause d'utilité publique. Quoi qu'il en soit, c'est
au législateur de 1881 qu'il faut s'en prendre, car la
Cour de cassation a régulièrement interprété cet article 17 qui semble destiné à être modifié dans un temps
plus ou moins proche.

QUATRIÈME RESTRICTION, art. 15, § 3.— *Les affiches des actes émanés
de l'autorité seront seules imprimées sur papier blanc.*

Cette disposition du paragraphe 3 de l'article 15 de
la loi de 1881 est la reproduction des lois du 28 juillet
1791, 28 avril 1816, article 65 et 16 juin 1824, article 10 (1).

Toutes les affiches des actes qui n'émanent pas de
l'autorité doivent donc être imprimées sur papier de
couleur : les affiches électorales comme les autres sont
soumises à cette obligation.

L'infraction à cette disposition tombe sous le coup de
la répression de l'article 2 de la loi de 1881. L'amende
est de 5 à 15 francs : et en cas de récidive la peine de
l'emprisonnement peut être prononcée si dans les
douze mois, l'imprimeur a été condamné pour contravention de même nature (art. 2) (2).

(1) V. aussi Circul. enregist., 24 mars 1866 ; Ordonn. préf. de pol.,
8 thermidor an IX, art. 1. *Collect. off.*, t. 1, p. 96 ; Ordonn. préf. de
pol., 3 septembre 1851, art 8. *Collect. off.*, t. 6, p. 45.
(2) V. Discussion sur la nature de l'infraction à propos de l'étude
de l'article 2 (p. 11).

La responsabilité pèse donc sur l'imprimeur. La circulaire du 9 novembre 1881 dit en effet « que l'infraction est à la charge des imprimeurs, comme elle l'était déjà sous la législation antérieure ».

C'est dans le fait d'imprimer l'affiche que réside la contravention : la personne dans l'intérêt de laquelle elle est imprimée et l'afficheur ne peuvent être déclarés responsables à titre de co-auteurs, puisqu'ils sont demeurés étrangers au fait matériel de l'impression (1). L'infraction à l'article 2 étant une contravention, comme en cette matière il ne peut y avoir de complicité, ceux-ci ne peuvent donc être poursuivis comme complices.

Malgré toutes ces raisons de droit, la Cour de cassation ne paraît pas vouloir accepter cette doctrine. C'est ainsi qu'elle a décidé sous trois espèces, par arrêt du 7 mars 1896, que lorsqu'une affiche émanée d'un particulier a été imprimée sur papier blanc et placardée, ce n'est pas l'imprimeur de cette affiche, mais c'est l'afficheur qui doit être puni par application du paragraphe 2 de l'article 15.

La Cour se base sur ce motif « que la contravention dont il s'agit, caractérisée par le double fait que des écrits émanés de particuliers ont été imprimés sur papier blanc et qu'ils ont été placardés, n'existe qu'à partir du

---

(1) Conf. Fabreguettes, *op. cit.*, t. I, n° 604 ; Barbier, *op. cit.*, t. I, n° 184 ; Dutruc, *op. cit.*, t. I, n° 101 ; Faivre et Benoît-Lévy, p. 77, etc.

moment où ces écrits ont été affichés ; que l'article 15 qui la prévoit est compris dans le § 1 du chapitre III ayant pour titre *De l'affichage* et qu'il résulte de cette circonstance rapprochée de l'ensemble des dispositions dudit article que l'afficheur en est seul responsable (1).

La Cour suprême semble donc vouloir innover. Sa jurisprudence est contraire à la doctrine. Nous avons vu en effet précédemment que la circulaire du 9 novembre 1881 rendait seul l'imprimeur responsable. C'est ainsi que l'avait décidé peu de temps auparavant un jugement du tribunal de simple police de Montpellier en date du 14 novembre 1895 (2).

Notons cependant qu'un jugement du tribunal de simple police de Paris avait déclaré que la contravention ne pouvait être relevée tant qu'il n'y avait pas eu affichage, car l'imprimé ne devenait affiche que lorsqu'il avait été placardé (3).

Rappelons d'autre part que le Conseil d'Etat par arrêt du 1er mai 1896 a décidé qu'une affiche signée par un maire et écrite sur papier blanc, mais encadrée d'un papier de couleur ne présente aucun caractère officiel et par suite l'apposition de cette affiche ne peut être considérée comme une manœuvre (4).

(1) Crim. cass., 7 mars 1896, D. 96.1.512.
(2) Trib. simp. pol. Montpellier, 14 novembre 1895, D. 96.2. 444.
(3) Trib. simp. pol. Paris, 6 février 1886. Cf. Barbier, *op. cit.*, n° 184.
(4) (Elect. de Mont St-Vincent). Du 1er mai 1896, C. d'Etat, sect. temp. MM. Tirman, rap., Romieu, concl.

Par contre le tribunal de la Seine avait décidé par
jugement du 3 août 1834, que pour échapper à la contravention, il ne suffirait pas d'encadrer l'affiche imprimée sur papier blanc, par des bandes de couleur (1).

L'infraction au paragraphe 2 de l'article 15 constitue
donc une contravention : toutes les règles relatives à
cette classe d'infraction seront applicables. C'est ainsi,
comme nous l'avons vu, qu'il ne pourra être question
de complicité et que, la contravention étant purement
matérielle, la bonne foi ne pourra servir d'excuse.
Cependant, contrairement à la règle qui dit que la théorie du non-cumul ne s'applique pas en matière de contraventions, une seule infraction existera et par conséquent une seule contravention ne pourra être relevée,
si l'affiche est tirée sur papier blanc en plusieurs exemplaires. Le contexte devra être le même toutefois sur
chaque affiche. C'est ainsi qu'il a été jugé que l'impression sur papier blanc d'un certain nombre d'affiches
électorales du même contexte constitue une contravention unique et non une contravention particulière pour
chaque affiche apposée (2).

On aurait pu croire, d'après la rédaction de l'article 15 précité *toute contravention* ... que chaque
affiche tirée constituerait l'infraction au paragraphe 2 :
il n'en est rien : l'expression « toute contravention »

(1) Trib. Seine, 3 août 1834, de Grattier, *op. cit.*, t. 2, p. 235.
(2) Trib. paix Clermont, 1er décembre 1885 ; Cass., 16 janvier
1886. *La Loi* 15 et 16 janvier 1886.

s'applique uniquement au fait d'avoir imprimé sur papier blanc.

Nous voudrions, avant de terminer ce chapitre dans lequel, sauf les quatre restrictions que nous venons d'étudier, nous avons vu combien était grande la liberté de l'affichage électoral de la loi de 1881, dire un mot, pour compléter l'étude de cette liberté, de l'exemption du droit de timbre accordée aux affiches en temps d'élection. C'est en vue du libre exercice du suffrage universel que l'affiche électorale ne tombe pas sous le coup de la loi fiscale. Cette immunité n'est pas due, à vrai dire, à la loi de 1881. Le texte qui régit aujourd'hui la question est le § 3 de l'article 3 de la loi du 11 mai 1868. Il est ainsi conçu : « Sont affranchies du timbre les affiches électorales d'un candidat contenant sa profession de foi, une circulaire signée de lui ou simplement son nom (1). »

Nous ne voulons pas entrer dans le détail de la question qui ne fait pas partie de l'étude des infractions à la loi sur la presse en matière électorale : disons cependant, en nous basant sur le rapport (2) présenté à la Chambre sur ce point lors du vote de la loi, que toute

(1) V. Loi du 28 avril 1816 qui dit que toutes les affiches sont assujetties au timbre ; Loi du 10 décembre 1831, au sujet des écrits politiques ; Lois des 21 avril 1849 (art. 2) et 16 juillet 1850 (art. 10) qui dispensent du timbre les écrits politiques pendant la période électorale.

(2) Extrait du rapport... la commission n'affranchit pas du timbre les affiches émanées d'un tiers, d'un auxiliaire, d'un ami qui viendrait soutenir la candidature de son choix.

affiche électorale, qui ne porterait pas le nom du candidat ou celle qui émanerait d'un tiers, ne serait pas affranchie du timbre (1). Il en serait de même pour toute affiche qui n'aurait pas pour objet l'exercice direct du droit électoral : c'est ainsi que ce bénéfice ne pourra être accordé aux affiches apposées avant l'ouverture de la période des élections (2). Et le Ministre des finances a décidé le 5 novembre 1886 que les affiches par lesquelles les candidats remerciaient leurs électeurs, après la période électorale, ne pouvaient bénéficier de l'exemption du timbre. Celle-ci serait applicable par contre à ces mêmes affiches en cours de ballottage : la lutte à ce moment est en effet toujours ouverte (3).

APPENDICE

DE LA LIBERTÉ DU COLPORTAGE, COLPORTAGE ACCIDENTEL.

La loi du 29 juillet 1881 a définitivement tranché la question si souvent débattue du colportage et qui avait fait l'objet de lois si nombreuses. Désormais on distingue nettement deux sortes de colportage ; l'un, que les auteurs ont appelé professionnel : l'autre, accidentel : le premier est régi par l'article 18 de la nouvelle loi, le second par l'article 20.

(1) Instruction de l'enregistrement du 12 mai 1868, n° 2365. V. arrêt, Cour d'Alger, 1874, S. 75.2.45.
(2) Instruction de l'enregistrement des 1er et 31 octobre 1868, n° 2376.
(3) Instruction du 1er décembre 1880, n° 2643, § 10.

Nous ne pouvons traiter ici du colportage professionnel : la période électorale n'étant pas constamment
ouverte, il ne peut être question en cette matière que
du colportage nécessité par les besoins électoraux. Nous
rentrons en effet dans la distinction que M. Millaud faisait, lors de la discussion de la loi du 17 juin 1880.

« Nous avons pensé, déclarait-il, et nous avons jugé,
avec l'unanimité de cette Chambre, que lorsqu'il n'y
aura pas le métier, la profession, c'est-à-dire l'habitude
de distribuer ; lorsque nous nous rencontrerons en présence d'un fait particulier et de plusieurs faits isolés de
colportage, en présence d'un acte accidentel et non professionnel, nous ne pouvions pas assujettir l'individu
qui distribue ou colporte, à la déclaration... Si ce colportage n'est pas professionnel, s'il est un acte qui s'ac-
complit aujourd'hui et qui ne s'accomplira pas demain,
nous avons entendu qu'il ne fut soumis à aucune déclaration (1). »

Il est donc bien évident que tous les écrits ou imprimés relatifs à une élection, bulletins de vote, circulaires électorales colportés à cette occasion ne peuvent
tomber sous le coup de l'article 18, qui exige la déclaration préalable (2). Nous ne trouvons, à ce propos, ni

____

(1) Discours de M. Ed. Millaud, rapporteur, Ch. des députés, séance
du 15 mars 1879.

(2) *Art.* 18. « Quiconque voudra exercer la profession de colporteur ou de distributeur sur la voie publique ou en tout autre lieu
public ou privé, de livres, écrits, brochures, journaux, dessins, gra-
vures, lithographies et photographies, sera tenu d'en faire la déclaration à la préfecture du département où il a son domicile. »

l'exercice d'une profession, ni l'habitude de la distribution dont parle la loi. Le colportage sera donc accidentel et comme tel jouira du privilège spécial de l'article 20 (1). C'est dans ce sens du reste qu'a été écrite la
circulaire de M. le ministre de l'intérieur du 10 avril
1884, relative à la loi du 4 avril 1884, sur l'organisation municipale, et celle du 25 juillet 1893 (2).

Le colporteur accidentel n'est donc pas assujetti à la
déclaration exigée par l'article 18. Bien plus, contrairement aux prescriptions de la loi du 17 juin 1880, et à
la rédaction du projet primitif de la loi de 1881 sur ce
point, il n'est plus nécessaire pour se livrer au colportage, d'être français et de jouir de ses droits civils et
politiques. Tout individu, quel qu'il soit, pourra donc en
temps d'élection, servir de colporteur ou de distributeur, c'est-à-dire, servir d'intermédiaire, de quelque
façon que ce soit, entre le candidat et ses électeurs : il
pourra provoquer l'attention de ces derniers, par une
offre faite au public, ou une distribution faite à domicile ; il ne sera contraint dans ce but, de se soumettre à
aucune formalité : la non-déclaration à la préfecture de
son département ne lui fera pas encourir de contravention. Tout individu pouvant être désormais colporteur
ou distributeur, les femmes et les enfants mineurs, les
étrangers et tous ceux qui ont subi des condamnations

_____

(1) *Art.* 20. La distribution et le colportage accidentels ne sont
assujettis à aucune déclaration.

(2) V. circul. minist. int. *Bull. off. minist. intérieur*, A. 1884
et 1893.

entraînant la perte des droits civils et politiques, pourront donc exercer cette industrie (1).

Remarquons cependant que l'article 3 de la loi du 30 novembre 1875 interdisant la distribution des bulletins de vote, professions de foi et circulaires électorales par les agents de l'autorité, est toujours en vigueur. Cette disposition, édictée d'abord en vue de l'élection des députés, a été étendue aux élections municipales par la loi du 5 avril 1884 (art. 14). On admet généralement aussi que l'interdiction s'applique en matière d'élections départementales (2). Toutefois, un arrêt de la Cour d'appel d'Aix du 11 mars 1881 a décidé que la distribution de bulletins de vote, en cette matière, ne tombait pas sous le coup de la répression de l'article 3 de la loi du 30 novembre 1875 (3).

Enfin la circulaire précitée du 25 juillet 1893 adresse aux préfets certaines recommandations au sujet de cette interdiction. Les maires doivent veiller à ce que les gardes champêtres (4), agents de police, appariteurs (5),

---

(1) V. Barbier, *suprà* cité, t. I, p. 192 et discours de M. Gatineau, Ch. des députés, séance du 25 janvier 1881. Voir au surplus au sujet de l'historique du colportage professionnel : Règlement du 28 février 1723. Loi des 2-17 mars 1791. Lois du 10 décembre 1830, du 10 février 1834, du 27 juillet 1849, du 29 décembre 1875, du 17 juin 1880. Circul. minist. du 9 novembre 1881.

(2) V. Conseil d'Etat, 6 août 1878, élect. de Pluguffan, 3 janvier 1881, élection de Chateau-Porcien.

(3) Aix, 11 mars 1881, Moynier, D. P. 82.2.220.

(4) V. 3 janvier 1881, élections de Chateau-Porcien, *Lebon*, p. 10 ; 17 mars 1882, élections de Magland, *Lebon*, p. 257 ; 28 novembre 1884, élections d'Annoix, *Lebon*, p. 845 ; 27 mars 1885, élections d'Aveyron-Bergelle, *Lebon*, p. 368 ; 7 août 1885, élections de Frouard, *Lebon*, p. 768 etc...

(5) V. Conseil d'Etat, 3 juin 1881, élections d'Ordan-Larroque,

etc., s'abstiennent de distribuer des écrits électoraux
de quelque nature que ce soit (1).

Quant aux maires eux-mêmes, certains auteurs pré-
tendent qu'ils ne doivent pas être considérés comme
des agents de l'autorité publique ou municipale, et qu'ils
ne peuvent encourir en conséquence aucune peine, au
sujet de la distribution de bulletins de vote dans une
élection législative. Cette manière de voir a été consacrée par un jugement du tribunal de St-Affrique (2).
Mais on admet plus généralement que le maire d'une
commune tombe en cette matière sous le coup de l'interdiction de l'article 3 de la loi du 30 novembre 1875
et de la répression édictée par l'article 22 de cette même
loi (3).

Ajoutons enfin que la loi du 29 juillet 1881 a abrogé
par le fait même de la promulgation, les articles 283,
284 et 286 du Code pénal, l'esprit de liberté dont est
animée cette loi, étant incompatible avec les dispositions rigoureuses de ces textes. On ne peut concevoir
en effet que les imprimeurs et distributeurs puissent
encourir une condamnation de 6 jours à 6 mois d'em-

Lebon, p. 604 ; 1er mai 1885, élections de Nongarroulet, Lebon,
p. 467 ; 26 juin 1885, élections d'Anglès, Lebon, p. 625.

(1) V. circul. minist., 10 avril 1884, 9 septembre 1885, 10 juillet
1886.

(2) Trib. St-Affrique, 22 mars 1875, Nougier, D. P. 78.3.79.

(3) Trib. Montpellier, 1er avril 1878, D. P. 78.5.204.

Art. 22, § 2, loi 30 novembre 1875. — Toute infraction aux dispositions prohibitives de l'article 3, § 3 de la présente loi sera punie
d'une amende de 16 à 300 francs. Néanmoins, le tribunal correctionnel pourra faire application de l'article 443 du Code pénal.

prisonnement, pour le simple fait de publication ou
distribution d'écrits ne portant pas l'indication de leur
nom, profession et demeure. La survivance de prescriptions semblables dans notre Code pénal eut été absolument inadmissible ; l'esprit de la loi autant que son
texte s'y opposait.

CHAPITRE IV

DE LA DIFFAMATION ET DE L'INJURE EN MATIÈRE ÉLECTORALE.

§ 1. — De la diffamation.

Dès qu'approche l'ouverture de la période électorale, les futurs candidats qui vont bientôt entrer en lutte, sollicitent par tous les moyens possibles, les suffrages de leurs électeurs. Depuis le décret de convocation jusqu'au jour du vote, les comités qui se sont déjà formés dans l'ombre, vont fonctionner ouvertement ; les murs se couvriront de nombreuses affiches ; de nouveaux journaux seront créés qui finiront avec la lutte : c'est la période d'effervescence d'où doit sortir, grâce à des moyens trop souvent illégaux, l'heureux élu. Et pendant tout ce temps, si fertile en incidents de toutes espèces, les passions avivées par l'aveuglement des idées politiques, vont se déchaîner. Chaque jour le candidat organisera des réunions publiques : il fera des articles sur son concurrent pour essayer de le discréditer aux yeux de ses électeurs. S'il est honnête, les inventions les plus grossières seront faites en ce qui touche sa vie privée : on ira jusqu'à attaquer son honneur, sa famille, tout ce qu'en somme il a de plus cher, sachant

bien que plus il sera souillé, moins il aura de chances
d'être élu. De là naît cette multitude de procès en diffamation qui encombrent nos tribunaux correctionnels
pendant la durée de la polémique électorale. On va
donc se servir de journaux comme d'affiches pour se
battre, et le rôle de la presse, chaque jour plus consi-
dérable, va prendre, pendant la période électorale, une
importance capitale.

La loi du 29 juillet 1881 qui a consacré la liberté de
la presse, n'a voulu cependant créer aucune immunité
particulière au profit de la polémique électorale. Le législateur a pensé que l'effervescence des esprits dans un
temps si mouvementé, jointe à l'aveuglement provoqué
par la manifestation des opinions contraires, ne pouvait
servir d'excuse à la licence des journaux. L'homme qui
sollicite les suffrages de ses concitoyens peut être en
effet discuté dans ses actes et ses opinions; le législateur
ne pouvait permettre qu'il fût librement diffamé.

La loi de 1881, tant dans ses travaux préparatoires
que dans sa rédaction définitive, a envisagé la question
des luttes électorales : nous verrons dans la suite quelle
procédure spéciale elle a créée à ce sujet ; nous allons
rechercher auparavant l'application que l'on peut faire
de quelques-uns de ses articles pendant la période des
élections. Nous pensons qu'il y a là un point intéressant
à mettre en lumière et en relief des dispositions si nombreuses, et souvent si compliquées, de la grande loi.

Et tout d'abord, qu'est-ce que la diffamation (1)? L'article 29 de la loi du 29 juillet 1881 la définit : « toute allégation ou imputation d'un fait qui porte atteinte à l'honneur ou à la considération de la personne ou du corps auquel le fait est imputé. »

De cette définition nous tirons de suite cette conséquence, c'est qu'il faut, pour constituer une diffamation, trois éléments :

1º L'allégation ou l'imputation d'un fait de nature à porter atteinte à l'honneur ou à la considération d'une personne ou d'un corps ;

2º L'intention de nuire ;

3º La publicité de l'allégation ou de l'imputation (2).

Toutes les fois que nous ne trouverons pas réunis dans les espèces que nous étudierons, ces trois éléments, nous verrons que les faits reprochés à leur auteur ne seront pas jugés suffisamment caractérisés pour constituer le délit de diffamation qui nous occupe.

Nous n'étudierons pas ici les divers caractères que doit revêtir chacun de ces éléments pour arriver à former le délit de diffamation. Cette étude a été l'objet des soins des auteurs dont les ouvrages ont déjà été cités plusieurs fois au cours de cette thèse ; nous nous bornerons, sans entrer dans la discussion, à énoncer quelles

---

(1) Pour l'historique de la diffamation, V. art. 367 à 378, C. pén. abrogés par la loi du 17 mai 1819, à l'exception des art. 373, 376 et 378. Loi du 25 mars 1822, etc.

(2) V. Barbier, Fabreguettes, Chassan et les auteurs précités.

sont les conditions que doit présenter chacun des éléments précités.

L'allégation, a dit M. Courvoisier (1), c'est l'énoncia-
tion d'un fait sur la foi d'autrui ou l'assertion qui se
produit sous l'ombre du doute : l'imputation, c'est
l'affirmation personnelle de celui qui parle ou écrit.

L'imputation ou l'allégation peuvent être directes ou
indirectes, revêtir la forme conditionnelle ou hypothé-
tique, se produire par voie d'allusion d'ironie ou d'anti-
phrase (2). Chaque fois qu'une de ces deux choses sera
constatée, le délit de diffamation sous ce premier élément, sera suffisamment caractérisé.

L'imputation ou l'allégation doivent viser un fait
déterminé. Nous verrons tout à l'heure, en étudiant les
caractères de l'injure, que cette seconde condition est
celle qui différencie précisément ces deux délits.

La diffamation doit aussi s'adresser à une personne
ou à un corps : par *personne* il faut entendre « tout individu quelconque ». Le *corps* signifie, au contraire, une
collectivité représentant une personne morale ou fictive,
fonctionnant dans un intérêt privé ou public (3).

Il faut enfin, dit l'article 29, que l'allégation ou l'imputation soient de nature à porter atteinte à l'honneur
ou à la considération de cette personne ou de ce corps.

(1) Rapport sur la loi de 1819.
(2) V. Grellet-Dumazeau, t. I, p. 10 ; De Grattier, t. I, p. 182 et
194 ; Chassan, t. I, n° 490 ; Fabreguettes, t. I, p. 387.
(3) V. Fabreguettes, t. I, n° 1078.

« L'honneur, dit M. Grellet-Dumazeau (1), est un sentiment qui nous donne l'estime de nous-mêmes, par la conscience de l'accomplissement du devoir : la considération est un hommage rendu par ceux qui nous entourent, à notre position dans le monde... Contester la probité d'une personne, c'est attaquer son honneur, contester son crédit, c'est attaquer sa considération. »

Nous avons vu qu'il faut en second lieu, pour constituer le délit de diffamation, que l'imputation ou l'allégation soient faites avec l'intention de nuire. Celle-ci sera toujours présumée : ce sera au prévenu à faire la preuve des faits capables de justifier sa bonne foi. L'intention de nuire consistera dans la volonté de causer un préjudice essentiel ou moral à un tiers, en lui imputant avec publicité, un fait vrai ou faux capable de le déconsidérer. Rappelons que la provocation ne peut être une cause d'excuse à la diffamation et que la rétractation ne peut faire disparaître le délit : elle ne peut que l'atténuer (2).

Il faut enfin que la diffamation soit publique : c'est donc le fait de publier un écrit diffamatoire qui caractérise le délit : tant que celui-ci est tenu secret ou n'est communiqué qu'à une seule personne, à titre confidentiel, l'intention mauvaise, capable de causer à celui qui est visé un dommage sérieux n'est pas suffisamment dévoilée pour caractériser le délit. « Le but de la loi,

(1) V. Grellet-Dumazeau, t. 1, n° 76.
(2) Barbier, t. I, p. 367.

disait M. de Serres au moment de la discussion de la
loi de 1819, a été de punir seulement la publication
dans laquelle elle fait résider le délit. » Il en est encore
de même aujourd'hui sous l'empire de la loi de 1881.

Tels sont les divers éléments nécessaires pour constituer le délit de diffamation. Examinons maintenant
quel était avant la loi de 1881 l'état de la jurisprudence,
en ce qui concerne les questions de diffamation en matière électorale : nous verrons quel il est depuis ce moment jusqu'à nos jours.

Avant la loi du 29 juillet 1881, la diffamation était
régie par l'article 13 (1) de la loi sur la presse du 17 mai
1819. Se basant sur cet article, la Cour de cassation
avait décidé d'une manière constante et formelle que
les polémiques au cours des périodes électorales, restaient soumises au droit commun, en ce qui concerne
la diffamation. C'est ainsi que par plusieurs arrêts suc-
cessifs, la Cour suprême avait déclaré que les polémiques entre candidats et électeurs ne devaient pas en-
freindre les limites permises en temps ordinaire et que
le droit de discuter les candidats, leurs opinions et leurs
actes, ne pouvait aller jusqu'à la diffamation (2).

(1) *Art.* 13. — Loi du 17 mai 1819.
« Toute allégation ou imputation d'un fait qui porte atteinte à
l'honneur ou à la considération de la personne ou du corps auquel
le fait est imputé, est une diffamation. »
(2) Crim. rejet, 10 novembre 1876, D. P. 77.1.44 ; Cf. rejet, 19 mai
1876, D. P. 77.1.5 ; Cf. rejet, 7 juin 1878, D. P. 79.1.436 ; Cf. rejet,
16 novembre 1843.
V. Chassan, *Délits de la parole et de la presse,* t. 1, p. 62, etc.
« Aucune loi, porte l'arrêt précité du 16 novembre 1843, n'étend aux

Plusieurs cours d'appel avaient cependant admis certaines atténuations à la rigueur de ces principes. La
Cour d'appel de Chambéry notamment, par arrêt du
12 avril 1876, avait jugé que la loi du 17 mai 1819, qui
protège contre des allégations injurieuses, même vraies,
l'honneur et la considération de simples particuliers,
ne place pas sous la même sauvegarde la considération
politique et les intérêts électoraux des candidats ; qu'en
conséquence les électeurs ont le droit de discuter leur
personne et leurs titres, d'apprécier leur aptitude et
leur honorabilité, d'interroger tous les actes de leur vie
publique et extérieure, de contrôler leurs opinions, leurs
votes et leurs tendances, enfin de rechercher, sous tous
les rapports qui intéressent l'ordre politique, si les candidats méritent la confiance de leurs concitoyens. Et
l'arrêt se basait spécialement sur ce motif, « que sans
proclamer une immunité légale que le législateur n'a
pas édictée, ni consacrer une impunité absolue qui serait le droit à la licence, il faut cependant reconnaître
que le jeu naturel de nos institutions comporte, en matière électorale, des franchises indispensables (1). Il n'y
a donc pas délit de diffamation, concluait l'arrêt, dans
l'apposition d'une affiche annonçant aux électeurs qu'un

écrits publiés pendant les élections ou à leur occasion, au sujet du
candidat, l'immunité établie par les articles 21 et 22 de la loi du
17 mai 1819, en faveur des discours prononcés dans le sein des
chambres. »
(1) Chambéry, Cour d'appel, 12 avril 1876 ; cf. Chassan, précité,
t. I, p. 373.

candidat « les trompe et ment » en se disant l'ami de la
religion.

La Cour de cassation, par arrêt précité du 10 novembre 1876 (1), n'a pas admis les conclusions de la Cour
de Chambéry. Fidèle à sa jurisprudence antérieure, elle
a déclaré, en cassant l'arrêt, que si les électeurs ont le
droit de discuter les candidats, leur opinion et leurs
actes, ce droit ne peut aller jusqu'à la diffamation, et
qu'il s'arrête là où le délit commence ; et que par conséquent l'affiche qui reproche à des candidats d'exprimer des sentiments qu'ils n'éprouvent pas, contient
une diffamation.

La loi du 29 juillet 1881 n'a pas apporté en cette
matière d'innovations. Tout en consacrant la liberté
absolue de la presse, elle ne va pas jusqu'à en permettre la licence, fût-ce même pendant la période électorale.

Ses dispositions comme celles de la loi du 17 mai
1819, sont générales et applicables à tous les citoyens,
et nous déciderons encore de nos jours, à propos des
candidats ce qu'un arrêt de la Cour de cassation du
24 avril 1879 (2) décidait à propos des journalistes :
« que si la polémique comporte certaines franchises,
la liberté de la discussion ne doit jamais dégénérer en
licence, et encore moins assurer l'impunité à une im-

---

(1) Crim. rej., 10 novembre 1876. V. *suprà*, p. 96 ; *Bull. cass.
crim.*, n° 212 ; *Journ. dr. crim.*, 1875-1876, p. 337 ; 7 juin 1878, D. P.
79.1.436, notes 3 et 4
(2) Cass., 24 avril 1879, S. 80.1.93, D. P. 79.1.435.

putation ou à une allégation qui revêt le caractère diffamatoire et par conséquent délictueux ».

Ainsi il a été jugé par la Cour suprême, par arrêt du
11 janvier 1883, que les dispositions légales qui punissent la diffamation et l'injure sont applicables au cours
de la période électorale et qu'il y a diffamation dans
l'article d'un journal qui reproche à un candidat « la
répudiation des traditions libérales de sa famille, le dé-
laissement des souvenirs laissés par son aïeul, etc... » (1).

C'est encore un arrêt du 10 juillet 1885 qui décide
que la circonstance que des imputations diffamatoires
ont été publiées pendant la période électorale (et contre
des candidats aux fonctions municipales) ne font pas
disparaître le délit de diffamation, alors que l'intention
coupable de porter atteinte à la réputation d'autrui est
constatée (2).

La même théorie, nous le voyons, a constamment
été affirmée par la Cour suprême : en 1893 elle rendait
un arrêt dans ce sens, prouvant ainsi qu'elle tient à
rester fidèle à sa manière d'interpréter la loi de 1881 (3).

Enfin tout récemment encore, par arrêt du 12 février
1897 elle décidait que le droit qu'ont les électeurs de

(1) Crim. rejet, 11 janvier 1883, D. P. 84.1.372 ; Cf. 25 avril
1885 ; Rouen, 13 février 1886 ; Agen, 30 janvier 1890 ; Lyon, 19 juillet 1894.
(2) Crim. rejet, 10 juillet 1885, *Bull. cass. crim.*, 1884, n° 209 ;
Cf. Trib. Seine, 24 décembre 1889, *Le Droit* du 27 décembre 1889 ;
Trib. Agen, 6 mars 1890, *Gaz. Trib. Midi* du 4 mai 1890 ; Paris,
29 avril 1890, *Journ. Minist. public*, 1890, p. 147, etc.
(3) Crim. rejet, 2 février 1893, D. P. 93.1.462.

discuter les opinions et les actes d'un candidat ne peut
aller jusqu'à la diffamation et que la circonstance que
les imputations diffamatoires se sont produites au cours
d'une période électorale ne saurait en modifier le caractère (1), la loi de 1881 n'ayant prévu pour ce cas
aucune exception aux règles qu'elle a tracées.

Il est donc de jurisprudence constante, et les auteurs
sont à peu près unanimes sur ce point, que toutes les fois
que les éléments nécessaires pour constituer le délit de
diffamation se trouveront réunis, aucune excuse ne
saura être admise, même en période électorale. Le législateur de 1881 en accordant la plus grande liberté
possible à la presse n'a pas voulu en effet en permettre
la licence : c'est un point incontestable sur lequel la
Cour suprême n'a jamais varié jusqu'à nos jours.

Répression. — L'article 32 de la loi de 1881 punit la
diffamation commise envers les particuliers d'un emprisonnement de cinq jours à six mois et d'une amende
de 25 francs à 2.000 francs, ou de l'une de ces deux peines seulement.

La diffamation en matière électorale tombe sous le
coup de cette répression, car nous allons voir que malgré les efforts de MM. Trarieux et Bozérian tendant à
faire assimiler les candidats aux élections, aux fonctionnaires et les rendre par conséquent justiciables de
la Cour d'assises, le Parlement n'accepta pas ces deux

(1) Crim. rejet, 12 février 1897, D. P. 97.2.399 ; Cf. Crim. cass.,
27 octobre 1893, D. P. 93.1.337.

propositions. C'était assez dire que les règles de la diffamation en matière ordinaire restaient applicables.

La vérité des imputations diffamatoires ne peut donc servir d'excuse au délit et la preuve n'en saurait être admise.

Le tribunal correctionnel (art. 45, § 2) (1) sera seul compétent.

La poursuite (art. 60, § 2) (2) ne pourra être exercée que sur la plainte de la personne diffamée qui pourra toujours l'arrêter, par son désistement.

a) *Des candidats aux fonctions électives.* — Lors du vote de l'article 31 de la loi du 29 juillet 1881, M. Trarieux dans un amendement, demanda à la Chambre des députés, d'assimiler au fonctionnaire public, soit au point de vue de la répression, soit au point de vue de la compétence, soit au point de vue de la preuve entraînant excuse légale, le candidat à une fonction élective (3). L'honorable député désirait ainsi soumettre les questions de diffamation en matière électorale à l'appréciation du jury, et permettre au prévenu de prouver la vérité des imputations diffamatoires. Le point essentiel, disait-il, c'est que les électeurs puissent se renseigner

(1) *Art.* 45 § 2... — Sont déférés aux tribunaux de police correctionnelle les délits prévus par les articles 3, 4... 32, 33, etc.

(2) *Art.* 60 § 2. — Dans le cas de diffamation envers les particuliers prévu par l'article 2, la poursuite n'aura lieu que sur la plainte de la personne diffamée ou injuriée. Le désistement du plaignant arrêtera la poursuite commencée.

(3) V. séance de Chambre des députés, 1er février 1881. Discours de MM. Trarieux et de Cassagnac.

sans aucune crainte de se heurter à une loi répressive
sur le passé des candidats : il faut qu'ils puissent interroger leur vie, rechercher leurs tendances, contrôler
leurs opinions, discuter leurs actes, examiner, en un
mot, et sacrifier tout ce qui peut influencer leur choix. »

Cette pensée était très généreuse. Il est incontestable
en effet que la sincérité du suffrage universel réclame
que le candidat soit discuté le plus possible dans sa vie
publique. Mais quelle sera la limite? Comme l'a fait
remarquer le rapporteur de la loi, il serait impossible,
quand il s'agira d'un candidat à une fonction élective,
de séparer nettement, comme lorsqu'il s'agit d'un fonctionnaire, les faits qui se rapportent à sa vie privée de
ceux qui ont trait à sa vie publique. Quant à la possibi-
lité de faire la preuve, il était certain qu'avec ce procédé, elle ne pourrait être faite, le plus souvent, qu'a-
près les élections.

C'est en vertu de ces considérations formulées contre
la proposition de M. Trarieux, que la Chambre des députés refusa l'amendement qui consistait à assimiler le
candidat aux élections, au fonctionnaire public.

Celui-ci fut repris par M. Bozérian (1) au Sénat. L'honorable sénateur déclarait spécialement que l'on n'est
sûr d'avoir un honnête homme public, que lorsque l'on
est certain d'avoir affaire à un honnête homme privé.

Quoi qu'il en soit, la tentative ne fut pas plus heu-

_____

(1) V. Séance du Sénat, 11 juillet 1881. Discours de M. Bozérian.

reuse au Sénat qu'à la Chambre : l'amendement mis aux voix fut rejeté.

La jurisprudence a, de son côté, toujours suivi la doctrine : elle avait jugé en effet, même avant la loi de 1881, que les candidats qui n'ont pas d'autre mission que celle qu'ils se donnent eux-mêmes, ne sont pas revêtus d'un caractère public (1). Il en est de même, depuis le vote de la loi. Un arrêt de la Cour suprême du 1er juin 1888 décide, en effet, que la compétence de la Cour d'assises ne saurait résulter de ce que le diffamé était alors *candidat à la députation*, cette candidature n'enlevant pas au citoyen son caractère de simple particulier (2).

Enfin, un jugement du tribunal de Bordeaux du 5 mars 1890 a décidé également, que la preuve des faits diffamatoires ne saurait être admise lorsqu'ils sont allégués, au cours d'une période électorale, à l'encontre d'un candidat à un mandat électif (3).

Critique. — Ce système qui consiste à punir la diffamation, sans que l'on puisse prouver la véracité du fait allégué, a été l'objet des critiques les plus violentes. Il est en effet de toute nécessité que le candidat aux fonc-

---

(1) V. en ce sens Cass., 11 mai 1843, *Bull. cass. crim.*, n° 103 ; *Journ. droit criminel*, 1843, p. 165, S. 43.1.460 ; Trib. corr. Vendôme, 10 octobre 1846, *Journ. droit criminel*, 1846, p. 272 ; Rouen, 5 novembre 1846 ; Paris, 13 mars 1847 ; Orléans, 31 mai 1847, *Journ. droit criminel*, 1847, p. 385 ; Paris, 23 novembre 1849 ; Cass., 23 mai 1874, *Bull. cass. crim.*, n° 144.

(2) Aff. Rochefort et Delpierre c. Ch. Ferry, 1er juin 1888 ; *Bull. cass. crim.*, n° 187, *Journ. droit criminel*, 1888, p. 137, S. 89.1.48.

(3) Trib. Bordeaux, 5 mars 1890, *Journ. arr. Bordeaux*, 1890, 2.43 ; *Contrà* : Douai, 9 février 1847, S. 47.2.392.

tions électives puisse être discuté librement dans les
actes de sa vie. La sincérité du suffrage universel en
dépend et l'on ne peut être sûr, selon nous, d'avoir élu
un honnête homme politique, que lorsque sa vie privée
n'est l'objet d'aucune critique défavorable.

N'est-il pas déraisonnable en effet de penser qu'un
honnête citoyen qui fait preuve de courage civique en
alléguant une imputation qu'il sait être vraie envers un
candidat électoral, soit puni pour le fait brutal en lui-
même de la diffamation ? Ne serait-il pas préférable
aussi, à tous points de vue, de permettre à ce même
candidat de confondre au grand jour son calomniateur,
en le mettant au défi de rapporter la preuve des faits
diffamatoires allégués ? Nous pensons qu'il y a là une
réforme qui s'impose. Ne serions-nous pas plus rassu-
rés en effet sur la moralité et l'honorabilité de nos
représentants s'il était permis à chaque électeur de
pouvoir, sans risquer de s'attirer les rigueurs de la police
correctionnelle, mettre en demeure le candidat de
prouver qu'il est à l'abri de tout soupçon ? Nous imite-
rions sur ce point la sagesse de la loi anglaise qui ne
fait pas tomber sous le coup de l'action pénale, l'auteur
d'un *libel* diffamatoire adressé aux personnes qui se
soumettent à l'appréciation publique, lorsque cet auteur
dans ses allégations ou ses imputations a été de bonne
foi (1).

_____

(1) Voir *infrà*, chapitre VI, Droit comparé, Angleterre.

b) Des électeurs. — Quant aux électeurs, on a essayé de les ranger dans la catégorie des personnes assimilées aux fonctionnaires, en soutenant qu'ils tenaient leurs droits politiques des lois constitutionnelles, et qu'en exerçant ces droits, ils remplissaient momentanément un mandat public (1). Il n'en est rien cependant. Les électeurs, comme le fait remarquer judicieusement M. Barbier, agissent en vertu de droits qui leur sont personnels.

La jurisprudence a du reste été toujours conforme à cette théorie (2) ; elle décide cependant à l'égard des électeurs sénatoriaux qu'ils doivent être considérés comme revêtus d'un caractère public, car ils tiennent spécialement leur mandat, d'une délégation émanée des conseils municipaux (3).

Critique. — Bien que nous admettions, quant à nous, que les électeurs doivent être considérés comme agissant en vertu de droits qui leur sont propres et personnels, nous ne pouvons contester néanmoins que la théorie qui consiste à déclarer qu'ils doivent être rangés dans la classe de personnes qui sont revêtues d'un caractère public, a réuni la majorité des suffrages. Il est certain que l'électeur, comme l'a dit M. Grellet-Dumazeau, fait acte de pouvoir et concourt directement à la formation d'une autorité publique ; qu'il serait

(1) Grellet-Dumazeau, t. 1, p. 397.
(2) Cass., 28 juillet 1876, D. 77.1.41.
(3) Riom, 27 mai 1876, cass. crim., 28 juillet 1876, D. 77.1.41. Cf. Barbier, précité, t. 2, p. 29.

préférable de soumettre à l'appréciation du jury les différents cas de fraudes électorales et de lui permettre de prouver la véracité des faits qu'il allègue. Mais nous admettons cependant, que les actes qui constituent l'exercice de droits politiques ne sont pas nécessairement des actes faits dans un caractère public et que les électeurs, agissant en qualité de citoyens, n'en agissent pas moins comme de simples particuliers.

c) Des membres du bureau électoral. — Il est généralement admis par les auteurs et la jurisprudence que les membres du bureau électoral revêtent un caractère public et rentrent comme tels dans la catégorie des personnes visées par l'article 31. Néanmoins certains arrêts décidaient, avant la loi de 1881, que l'article 20 de la loi du 26 mai 1819, qui autorisait le prévenu de diffamation envers un fonctionnaire public, pour des faits relatifs à ses fonctions, à faire la preuve de la vérité des faits diffamatoires, ne s'appliquait qu'au cas de diffamations commises par la voie de la presse, et non par celle de la parole (1).

d) Du droit de réponse. — Nous voudrions, avant de terminer l'étude de ce chapitre, dire quelques mots de ce droit que donne la loi de 1881 à la personne diffamée. Il constitue pour celle-ci une arme bien plus puissante encore que celle qui lui permet de traîner son diffamateur sur les bancs de la police correctionnelle. Les can-

(1) V. Cass. 28 février 1845, *Bull. cass. crim.*, n° 75 ; 9 mars 1850, *Bull. cass. crim.*, n° 84 ; Barbier, t. 2, n° 490, etc,

didats le savent bien : s'ils sont habiles, ils préféreront ainsi souvent se faire justice eux-mêmes, en faisant usage du droit de réponse.

Aussi voyons-nous l'article 13 de la loi de 1881 obliger le gérant à insérer dans les trois jours de leur réception ou dans le plus prochain numéro, la réponse de toute personne nommée ou désignée dans le journal. Celle-ci doit être publiée à la même place et en mêmes caractères que l'article qui l'aura provoquée : elle peut être double de l'article : elle est gratuite dans ce cas : le prix d'insertion est dû pour le surplus.

L'article parlant de toute personne nommée, il suffira donc d'une désignation claire pour donner lieu au droit de réponse.

Les règles en cette matière seront du reste les mêmes en période électorale qu'en temps ordinaire : notons toutefois qu'un arrêt de la Cour de cassation du 19 novembre 1869 (1) a décidé qu'il n'est point nécessaire que le texte dont l'insertion est réclamée, émane du candidat diffamé, et que celui-ci peut exiger par exemple que le journal publie à titre de réponse, une lettre de ses électeurs recommandant sa candidature. Il en est encore de même depuis le vote de la loi. C'est ainsi qu'il a été jugé par arrêt de la Cour de Douai du 13 novembre 1895 que le droit consacré par l'article 13

---

(1) Cass. crim., 19 novembre 1869, D. P. 70.1.142. Cf. Crim. cass., 8 février 1850 ; Crim. rejet, 20 juillet 1854 ; Rousset, *Code général des lois sur la presse*, art. 171, n° 585.

est absolu et que celui qui l'exerce est seul juge de la forme, de la teneur, et de l'utilité de la réponse (1).

Ajoutons que celle-ci ne pourrait être exigée si elle était contraire aux lois, aux bonnes mœurs, à l'intérêt des tiers ou à l'honneur du journaliste.

Notons enfin avant de terminer, que le Conseil d'Etat considère comme indispensable à la sincérité de la lutte électorale, le droit pour le candidat attaqué de pouvoir répondre. C'est ainsi qu'il a annulé récemment l'élection d'un candidat qui avait publié un article la veille contre son adversaire, à un moment par conséquent où aucune réponse ne pouvait être faite. Cet article diffamatoire, a déclaré le Conseil d'Etat, à raison du caractère particulièrement grave des imputations qu'il contenait et de la grande publicité qui lui avait été donnée, était de nature à influer sérieusement sur le résultat du scrutin qui n'avait donné qu'une faible majorité au candidat élu, celui-ci ne pouvant invoquer pour justifier cet article, la vivacité de la polémique électorale (2).

§ 2. — De l'Injure.

L'article 29 § 2 de la loi du 29 juillet 1881 définit l'injure : « toute expression outrageante, terme de mé-

(1) Douai, 13 novembre 1895.
(2) Elections de Guillon, 18 juillet 1896, C. d'Etat, Teissier, rap. ; Arrivière, concl. ; Le Sueur, av.

pris ou invective qui ne renferme l'imputation d'aucun fait. »

La loi de 1881 a supprimé la distinction que l'on pouvait faire entre l'injure qui renferme l'imputation d'un vice déterminé et celle qui ne la renferme pas (1). Un seul élément pourra maintenant différencier les diverses sortes d'injures, c'est la publicité.

Toutes les fois donc que l'injure ne sera pas publique, elle ne sera punie que des peines de simple police prévues par le paragraphe 11 de l'article 471 du Code pénal (2). Par contre lorsqu'elle réunira tous les éléments nécessaires à sa constitution, elle sera passible des peines de police correctionnelle.

M. Fabreguettes compte au nombre de six, les éléments constitutifs de l'injure :

1° Une expression outrageante, terme de mépris ou invective ;

2° S'adressant à une personne ou un corps :

3° Commise avec publicité ;

4° Avec intention de nuire ;

5° Pouvant causer un préjudice ;

6° A la condition toutefois, quand il s'agira de simples particuliers, qu'il n'y ait pas eu provocation (art. 33 § 2).

---

(1) V. Fabreguettes, *suprà*, cité t. 1. p. 426.
(2) *Art.* 471, § *II.* — Seront punis d'amende depuis un franc jusqu'à cinq francs inclusivement... § II Ceux qui sans avoir été provoqués, auront proféré contre quelqu'un des injures, autres que celles prévues depuis l'article 367 jusques et y compris l'article 378.

Comme en matière de diffamation, la loi de 1881 n'a pas voulu créer de sanction spéciale à l'injure proférée en temps d'élection. Toutes les fois donc pendant le cours de la période électorale, que les éléments nécessaires à la constitution de l'injure se trouveront réunis, le délit sera commis et tombera sous le coup de la répression de l'article 33 § 2. La surexcitation des esprits en un temps si troublé ne pourra être une excuse et servir d'atténuation à la rigueur de la répression. Que le délit soit commis par la voie de la presse dans les journaux et les affiches, ou par celle de la parole dans les réunions publiques, il n'en demeurera pas moins punissable correctionnellement.

C'est ainsi qu'il a été jugé par le tribunal de Gien que le fait par un scrutateur, au cours d'opérations électotorales, de remettre en communication à des électeurs assistant au dépouillement du scrutin un bulletin de vote contenant à l'adresse de tiers dénommés sur un bulletin, des expressions injurieuses, constitue le délit d'injure (1).

Répression. — L'article 33 § 2 de la loi de 1881 punit le délit d'injure commis envers les particuliers, lorsqu'elle n'aura pas été précédée de provocation, d'un emprisonnement de cinq jours à deux mois et d'une amende de 16 francs à 300 francs, ou de l'une de ces deux peines seulement.

(1) Trib. corr. Gien, 10 juillet 1884, *Gaz. Pal.*, 1885, *suppl.* 5. Cf. Besançon, 2 avril 1881, D. P. 82.2.35.

Un point de ce texte doit un instant retenir notre attention : il s'agit de la question de la provocation (1). Celle-ci, nous dit M. Barbier, doit s'entendre de tout acte ou toute parole de nature à blesser une personne et à expliquer ou justifier les propos injurieux qui lui sont reprochés. Elle peut servir d'excuse même lorsqu'il s'agit d'injures publiques commises envers des particuliers : elle ne le pourrait pas lorsqu'elle est adressée publiquement aux corps et personnes publiques des articles 30 et 31. La preuve enfin de la vérité des injures ne pourra jamais être faite.

« L'injure, dit M. Lisbonne, dans son rapport, ne renferme, de sa nature, l'imputation d'aucun fait précis : il n'y a, dans ce cas, rien à prouver, que l'injure elle-même (2).

APPENDICE

§ 1. — Des pétitions aux Chambres et protestations en matière électorale.

L'article 41 de la loi de 1881 affranchit de toute responsabilité les discours prononcés dans les Chambres. Cette immunité ne s'étend pas aux pétitions et aux protestations adressées aux Chambres contre une élection : celles-ci émanent en effet de tiers étrangers aux deux

---

(1) Compiègne, 8 mars 1881, *Courrier des tribunaux*, p. 95.
(2) Rapport M. Lisbonne, Cf. Cellier et Lesenne, p. 440, en ce sens, Trib. corr. Moulins, 18 juillet 1884, *Gaz. Pal.*, 84.2. *Supp.* 128 .

Chambres et ne peuvent tomber sous la protection de l'article 41, § 1 (1). La jurisprudence antérieure à la loi de 1881 a toujours été conforme à cette théorie : il en est encore de même depuis le vote de la loi.

On ne pourrait également faire bénéficier les pétitions et les protestations adressées aux Chambres à propos d'une élection, de l'immunité établie par le paragraphe 3 de l'article 41 (2) : elles ne peuvent être en effet considérées comme des écrits produits devant les tribunaux. Il y aurait là une confusion regrettable entre le pouvoir politique et le pouvoir judiciaire. Le Sénat et la Chambre des députés ne peuvent en effet se faire juges des imputations diffamatoires ou injurieuses, et par conséquent ordonner la suppression des articles incriminés. La jurisprudence en a toujours décidé ainsi et un arrêt de la Cour de Bourges, du 14 janvier 1879 déclare sur ce point que les allégations diffamatoires ou injurieuses contenues dans une protestation adressée à l'une des deux Chambres à l'occasion de l'élection d'un de ses membres ne bénéficient pas de l'immunité de l'article 23 de la loi du 17 mai 1819 (aujourd'hui art. 41 § 3), parce que les Chambres n'exercent pas le pouvoir judiciaire mais le pouvoir législatif, quand elles statuent

---

(1) *Art.* 41 § 1. — Ne donneront ouverture à aucune action les discours tenus dans le sein de l'une des deux Chambres, ainsi que les rapports de toutes les autres pièces imprimées par ordre de l'une des deux Chambres.

(2) V. Jurisprudence, Trib. Vendôme, 10 octobre 1846 ; Orléans, 31 mai 1847 ; Paris, 13 janvier 1880 ; Nimes, 13 janvier 1881. — Barbier, t. 2, p. 260.

sur la validation ou l'invalidation d'un de leurs membres (1).

Notons néanmoins en nous inspirant des motifs de cet arrêt que nous pouvons considérer comme typique en la matière, que si la pétition ou la protestation était adressée de bonne foi aux Chambres, elle ne pourrait donner ouverture à une action en responsabilité au point de vue pénal et au point de vue civil. Si, au contraire, le signataire était de mauvaise foi, l'article 1382 du Code civil serait toujours applicable.

L'élément de publicité serait enfin, quant à nous, suffisamment caractérisé par le fait de déposer l'écrit sur le bureau d'une des deux Chambres et de la distribution entre les mains de ses membres.

Ce mode de publicité tombe en effet sous le coup de l'article 23 de la loi.

§ 2. — Demande en radiation des listes électorales.

Le fait pour un citoyen de demander la radiation des listes électorales du nom d'un autre citoyen, ne peut constituer une diffamation, s'il agit de bonne foi, même s'il allègue un fait de nature à porter atteinte à son

---

(1) Bourges, 14 janvier 1879, D. 79.2.149 ; Nîmes, 13 janvier 1881, D. P. 81.1.308. *Contrà*, M. Labbé, sous Nîmes, 23 mars 1877.

Art. 41 § 3. — Ne donneront lieu à aucune action en diffamation, injure ou outrage, ni le compte rendu fidèle fait de bonne foi des débats judiciaires, ni les discours prononcés ou les écrits produits devant les tribunaux.

honneur ou à sa considération. Ce fait, de dénoncer
publiquement l'indignité réelle d'un citoyen de faire
partie du nombre des votants, ne peut être en effet considéré que comme la manifestation d'un courage civique
que la loi ne pouvait qu'encourager. Il n'en serait pas
de même si le demandeur agissait avec intention malveillante : il y aurait alors diffamation, si l'élément
de publicité était caractérisé. L'auteur pourrait aussi
tomber sous le coup de l'article 373 du Code pénal,
relatif à la dénonciation calomnieuse.

CHAPITRE V

§ 1. — Procédure.

L'article 60 § 2 de la loi de 1881 dit : « En cas de diffamation ou d'injure pendant la période électorale contre un candidat à une fonction élective, le délai de la citation sera réduit à vingt-quatre heures, outre le délai de distance. »

Il importait en effet de trancher au plus vite dans l'intérêt commun des candidats et de la sincérité du suffrage universel, les procès en diffamation et d'injure intentés pendant la période électorale : ces genres de débats réclamaient donc urgence. Aussi, sur la proposition de M. Lorois, la Chambre des députés et après elle le Sénat réduisit le délai ordinaire de trois jours de l'article 184 du Code d'instruction criminelle à celui de vingt-quatre heures, outre le délai de distance.

Ce délai de distance est celui qui est indiqué par l'article 184 lui-même, c'est-à-dire un jour par trois myriamètres (1).

_____

(1) Dijon, 5 décembre 1883, L. N. 83.3.145-296.

Il est franc, disent MM. Faivre et Benoît-Lévy ; une citation remise le 1ᵉʳ ne pourrait valablement porter de convocation que pour le 3 (1).

Il est bien entendu également qu'en cette matière comme en matière ordinaire, les règles concernant la question de savoir qui peut porter plainte sont les mêmes. Par dérogation à la règle qui dit que le ministère public pourra poursuivre d'office, en matière de diffamation et d'injure publique envers les particuliers, une plainte préalable de la partie diffamée ou injuriée est nécessaire : les poursuites devront cesser également par le désistement du plaignant (art. 60, § 2).

L'article 60 § 3 dit que la citation précisera et qualifiera le fait incriminé. Il a été jugé qu'il suffit que la citation vise les passages diffamatoires ou injurieux : il n'est pas nécessaire qu'elle vise également ceux desquels on veut simplement induire l'intention de nuire (2).

Enfin cette prescription concernant la précision et la qualification du fait incriminé, étant édictée non dans un intérêt public, mais dans l'intérêt personnel du prévenu, il en résulte que la nullité de la citation devra être soulevée en première instance et qu'elle serait par conséquent couverte par le silence du défendeur (3).

(1) Faivre et Benoît-Lévy, p. 255.
(2) Trib. corr. d'Albi, 2 août 1884. *Journ. dr. crim.*, 1885, p. 74. — Barbier, t. 2, n° 914.
(3) Cass., 24 novembre 1892, *Bull. cass. crim.*, n° 292, D. P. 93. 1.463.

Quant aux règles concernant l'opposition et l'appel, elles sont les mêmes en cette matière que celles qui sont édictées par le Code d'instruction criminelle.

§ 2. — Prescription.

Aux termes de l'article 65 de la loi de 1881, l'action publique et l'action civile résultant des crimes, délits et contraventions prévus par la présente loi, se prescriront par trois mois révolus, à compter du jour où ils auront été commis, ou du jour du dernier acte de poursuite, s'il en a été fait.

La prescription ordinaire de trois ans pour les délits n'est donc pas applicable. Remarquons aussi, avec M. Barbier, que tous les délits et contraventions punis par la loi de la presse en matière électorale ne sont consommés que par le fait de la publicité et que c'est à partir de ce moment par conséquent que la prescription de l'action devra courir. Exceptons néanmoins les contraventions prévues par les articles 15 § 3, 17 et 33 § 3, concernant l'impression d'affiches sur papier blanc, la lacération et l'injure simple.

Mais c'est ainsi par contre que l'infraction à l'article 3 concernant l'omission du dépôt ne sera caractérisée que par le fait de la publication de l'imprimé : il en serait de même pour la publication des journaux.

Notons enfin que cette prescription pourrait être aussi interrompue par des actes d'instruction et de

poursuite, mais il est certain que la prescription qui
prend cours à partir de l'acte interruptif est la même
prescription de trois mois et non la prescription ordinaire de trois ans pour les délits (1).

Quant au point de départ, il convient de le fixer,
comme sous la loi de 1819, au premier fait de la publication : l'action publique se trouverait ainsi prescrite,
dès l'expiration du délai de trois mois, à partir de ce
moment.

(1) V. Alger, 16 février 1893, D. P. 94.1.542 ; Cf. Crim. cass.,
9 décembre 1892, D. P. 93.1.334.

CHAPITRE VI

DROIT COMPARÉ.

DE L'AFFICHAGE ET DE LA DIFFAMATION EN MATIÈRE
ÉLECTORALE DANS LES PRINCIPAUX ÉTATS EUROPÉENS.

La plupart des États européens ont une loi sur la
presse : beaucoup nous ont précédés dans cette voie ;
quelques-uns seulement nous y ont suivis. Chaque État
ayant, à raison de ses mœurs, de ses caractères et habitudes une constitution spéciale, il était de toute évidence
que les règles concernant la presse ne pouvaient être
les mêmes partout. C'est ainsi notamment qu'en France,
pays de suffrage universel, les moyens de s'adresser aux
électeurs par la voie des journaux et des placards devaient être plus nombreux que dans les autres nations.

Une réglementation juste, mais sévère néanmoins
était nécessaire : aussi avons-nous déploré souvent, au
cours de cet ouvrage, les libertés trop grandes que la loi
de 1881 consacrait, notamment en matière d'affichage
et de diffamation.

Quoi qu'il en soit, nous essayerons, par une étude de
droit comparé, de tirer des lois sur la presse relatives
à chaque nation tout ce qui est de nature à éclairer
la question que nous avons traitée, en nous aidant au

besoin des lois spéciales qui auraient pu être édictées à ce sujet.

I. — Angleterre.

1. *Affichage.* — La constitution spéciale de l'Angleterre ne devait pas faciliter le développement de l'affichage. Le pouvoir législatif se compose en effet de deux Chambres : la Chambre des lords comprenant des pairs héréditaires ou nommés par la reine et quelques fonctionnaires ecclésiastiques qui représentent, disait Lord Salisbury, « ce qu'il y a de continu et durable dans le courant des opinions et des sentiments du pays (1) ».

Cette émanation du pouvoir royal venant ainsi le consolider et faire contre-poids aux idées libérales de la Chambre basse, ne pouvait donner prise aux besoins de l'affichage, les électeurs ne devant pas être sollicités.

Quant à la Chambre des communes, les règles relatives à l'élection de ses membres varient suivant que la circonscription électorale est un bourg ou un comté. Les candidats doivent être présentés par dix électeurs au moins : s'il y a plus de candidats présentés qu'il en est besoin, on ne vote pas ; les candidats sont élus de plein droit. La préparation des élections se fait surtout dans les réunions publiques : l'affichage en matière électorale a été jugé trop peu sérieux pour être réglementé. Il en est de même pour le commerce et l'indus-

(1) V. Glasson, *Histoire du droit et des institutions de l'Angleterre*, t. 6, p. 55 et suiv. ; Bagehot, *La constitution anglaise*, ch. 5.

trie : aucune réglementation n'est venue entraver la liberté de l'affichage qui a pris en Angleterre cependant des proportions considérables ; chacun peut s'adresser par l'affiche librement au public sous la seule responsabilité des délits qu'il pourrait commettre.

2. *Diffamation.*— Comme en France, la diffamation en matière électorale n'est pas régie par des lois spéciales. La loi anglaise s'est occupée souvent de cette question ; notamment en ce qui concerne la discussion et la critique des actes du gouvernement : elle la permet dans toute son étendue, pourvu que la discussion soit loyale, et la critique tempérée (1).

Quant au délit de diffamation verbale dont les règles s'appliquent en matière électorale, la loi anglaise le considère le plus souvent, non comme un délit pénal, mais comme un délit civil donnant ouverture au profit du diffamé à une action en dommages-intérêts. Il n'est pas nécessaire que le préjudice soit causé : il suffit qu'il ait pu l'être. La preuve des imputations diffamatoires peut cependant être faite.

Le délit de diffamation par voie de *libel*, en outre de l'action civile, peut donner ouverture à l'action pénale, c'est-à-dire, à des poursuites devant la division du Banc de la Reine de la Haute Cour de justice, parce que, dit la loi, « tout libel tend à troubler la paix publique ».

Néanmoins le *libel* ne tombe pas sous le coup de

(1) V. *Le régime légal de la presse en Angleterre* de M. Edmond Bertrand, loi du 27 août 1881.

l'action pénale, si la diffamation a été adressée aux personnes qui se soumettent à l'appréciation publique, pourvu qu'elle soit faite de bonne foi : c'est le cas des diffamations adressées aux candidats électoraux (1).

En dehors de ce cas, l'auteur du libel diffamatoire peut être condamné à deux années d'emprisonnement et à une amende, s'il connaissait la fausseté des allégations, et à une année, dans le cas contraire (2).

II. — Allemagne.

Le régime de la presse en Allemagne est soumis à la loi du 17 mai 1874 : celle-ci unifie ce régime dans toutes les parties de l'empire.

1. *Affichage.* — En raison de la constitution allemande, l'affichage devait jouer un grand rôle dans les élections.

Le Reichstag se compose en effet de députés élus directement par le peuple dans les divers États.

Aucune réglementation spéciale n'est venue restreindre la liberté de l'affichage électoral.

Bien plus, cette loi générale du 17 mai 1874 déclare dans son article 30 qu'elle ne porte pas atteinte aux droits de la législation des divers États d'édicter des prescriptions particulières en vue de l'affichage et la distribution publique de placards et de proclamations.

L'article 134 de la loi du 31 mai 1870, édictée pour

(1) J. F. Stephen, *A Digest of the criminal law*, art. 274.
(2) Statuts 6 et 7 Vict. c. 96,

la mise en vigueur du Code pénal, punit d'une amende de 100 thalers et d'un emprisonnement de six mois au plus, quiconque aura méchamment arraché, endommagé ou défiguré des placards affichés dans les lieux publics.

En Alsace-Lorraine, il est défendu de placarder des affiches traitant de matières politiques : les tribunaux d'échevins sont compétents pour connaître des délits d'affichage et les tribunaux régionaux pour les délits de lacération ou d'enlèvement des affiches (1).

2. *Diffamation.* — La législation allemande n'a pas de règles spéciales en ce qui concerne la diffamation en matière électorale.

Les règles applicables seront celles du Code pénal allemand.

L'article 185 de ce Code dit que l'injure (2) est punie d'une amende de 600 marks au plus, ou des arrêts, ou d'un emprisonnement pendant une année au plus, et si elle a lieu au moyen d'un acte matériel, d'une amende de 1500 marks au plus ou d'un emprisonnement de deux ans au plus.

La poursuite pour injure n'a lieu que sur plainte (art. 194) par la voie de l'action privée ; l'action publique n'est intentée qu'autant que l'intérêt public l'exige.

_____

(1) V. Loi sur l'organisation judiciaire du 27 janvier 1877, § 75, *Manuel des échevins d'Alsace-Lorraine*, p. 37 et 93.

(2) La diffamation ne constitue qu'une variété plus grave de l'injure (Beleidigung).

III. — Belgique.

1. *Affichage.* — Nous sommes ici dans un pays où
l'affichage électoral devait être favorisé ; la monarchie
y est en effet constitutionnelle et le régime parlementaire.

Le pouvoir législatif se compose de deux Chambres
élues par un suffrage censitaire : la Chambre des représentants et le Sénat. Les électeurs sont généraux, pro-
vinciaux, communaux, suivant le cens qu'ils paient (1).

De grandes précautions sont prises par la loi belge au
sujet de l'affichage : les listes électorales notamment
doivent être exposées régulièrement, à période fixe, et
soumises au contrôle des électeurs : les frais sont à la
charge de la commune où a lieu l'élection : il en est de
même des frais d'impression de la liste des candidats.
Toutefois les circulaires, avis, proclamations aux électeurs, émanant des associations politiques ou de particuliers, constituent des affiches privées qui ne sont pas
payées par l'autorité.

Elles doivent de plus être imprimées sur papier de
couleur, suivant la prescription des décrets français des
22-28 juillet 1791, encore en vigueur en Belgique et

_____

(1) V. Lois du 30 juillet 1881, 5 août 1881, 24 août 1883 relatives à
la réforme électorale pour la province et la commune, et pour la
législation antérieure, lois du 3 mars 1831, 25 juillet 1834, 30 mars
1836, 1er avril 1843, 19 mai 1867, 5 mai 1869. Code électoral du 18 mai
1872.

qui ont été remplacés dans notre législation par l'article 15 de la loi du 29 juillet 1881 (1).

Quant à la protection des affiches, elle est régie par le Code pénal de 1867 (art. 560 et 562). Après s'être inspiré de l'esprit de nos lois pénales (art. 479), le législateur belge nous a servi à son tour de modèle. Le législateur français de 1881, lorsqu'il s'est occupé de la protection des affiches électorales, s'est en effet souvenu des articles précités.

Quoi qu'il en soit, la loi pénale belge punit d'une amende de dix à vingt francs : ceux qui auront méchamment enlevé ou déchiré des affiches légitimement apposées (art. 560).

Ce texte est plus étendu que ne l'était celui de l'article 479 de notre Code de 1810, qui ne s'occupait que des affiches apposées par ordre de l'administration. Aussi s'applique-t-il aux affiches électorales comme aux affiches administratives : il est encore en vigueur aujourd'hui.

Enfin l'article 562 dit qu'en cas de récidive la peine d'emprisonnement pendant cinq jours au plus pourra être prononcée, indépendamment de l'amende (2).

La loi belge ne s'est donc pas jusqu'à nos jours occupé spécialement dans ses études sur la presse (3), de l'affi-

(1) V. *Pandectes belges*. Encyclopédie au mot *Affiche électorale*.
(2) V. Code pénal belge interprété de Nypels, année 1884 ; Ch. Laurent, *Études sur les délits de presse*.
(3) Décret du 20 juillet 1831.

che en matière électorale. Il faut s'en référer à ce sujet aux lois du 30 juillet 1881, du 24 août 1883 et au Code de 1867.

2. *Diffamation.* — Le délit caractérisé par le fait de porter atteinte à l'honneur ou à la considération d'une personne, prend le nom en Belgique de calomnie lorsque la loi admet la preuve du fait imputé, et de diffamation lorsque la loi n'admet pas cette preuve (1).

Les règles relatives à la calomnie et à la diffamation sont pour la plupart les mêmes que celles qui régissent dans notre loi ce délit. La pénalité cependant diffère. Alors que l'article 32 de notre loi sur la presse punit l'auteur de la diffamation de cinq jours à six mois et d'une amende de 25 à 2000 francs, l'article 444 du Code belge de 1867 déclare le coupable passible d'un emprisonnement de huit jours à un an et d'une amende de 26 à 200 francs (2). L'élément de publicité est nécessaire pour la constitution du délit, et la preuve des imputations diffamatoires ne peut être rapportée que lorsque celles-ci ont été dirigées, à raison des faits relatifs à leurs fonctions, contre un dépositaire ou agent de l'autorité ou une personne ayant un caractère public (3).

Or, les candidats aux fonctions électives ne peuvent rentrer dans cette catégorie, car ceux-là seuls, disent

---

(1) C. pénal belge, art. 443.
(2) V. Décret, 20 juillet 1881. Lois, 6 avril 1847, 20 décembre 1852 et 12 mars 1858.
(3) Article 447.

MM. Lelièvre et Forgeur dans leur rapport sur le Code pénal, peuvent être considérés comme dépositaires ou agents de l'autorité publique, qui par délégation médiate ou immédiate du gouvernement, exercent une portion de l'autorité, ou font exécuter ses ordres (1).

Les règles concernant le délit de diffamation sont donc d'après la loi belge les mêmes en matière électorale qu'en matière ordinaire. Il y a lieu de s'y référer chaque fois que par la voie de la presse ou celle de la parole, dans une réunion publique, par exemple, un candidat aux fonctions électives se jugera diffamé.

IV. — Espagne.

La loi espagnole nous avait précédés dans la voie de la réglementation de la presse. Celle-ci a été en effet l'objet de la loi du 8 janvier 1879, qui a été modifiée par celle du 26 juillet 1883.

1. *Affichage*.— L'affichage électoral devait, par le fait même de la constitution espagnole, avoir libre cours. Le pouvoir législatif appartient en effet aux Cortès qui comprennent le Congrès des députés et le Sénat : les élections se font directement par le peuple pour la première Chambre : la moitié des membres du Sénat au contraire est nommée par le monarque : l'autre, par un collège analogue à notre collège sénatorial.

La question de l'affichage en matière électorale n'a

(1) Lelièvre et Forgeur, *Rapport sur le titre 8 du Code pénal.*

pas fait l'objet de loi spéciale. L'article 77 de la loi de 1879 dit cependant que la publication des affiches ne pourra avoir lieu sans la permission préalable de l'autorité : l'infraction à cette prescription constitue une contravention de simple police qui expose l'imprimeur à une amende de 50 à 1000 piécettes infligée par le gouverneur ou par l'alcade (1).

2. *Diffamation*.— Les délits de presse en matière de « calomnie » donnent lieu à l'application des règles édictées dans le Code pénal de 1870. Celui-ci définit ce délit « la fausse imputation d'un délit de la catégorie de ceux qui donnent lieu à une poursuite d'office (2) ».

Si la calomnie, dit l'article 468, a été propagée avec publicité et par écrit, elle est punie de la prison correctionnelle (degrés inférieur et moyen) et d'une amende de 500 à 5000 pesetas, quand l'imputation porte sur un délit grave ; des arrêts majeurs et d'une amende de 200 à 250 pesetas, quand elle porte sur un délit moins grave.

Si la calomnie n'a pas été propagée par écrit et avec publicité, la peine est des arrêts majeurs (degré supérieur) et d'une amende de 250 à 2500 pesetas, quand elle porte sur un délit grave ; les arrêts majeurs (degré inférieur) et d'une amende de 125 à 1250 pesetas, s'il s'agit d'un délit moins grave (art. 469).

Enfin d'après l'article 31 de la loi du 7 janvier 1879,

(1) V. art. 77, 79, 80, loi du 8 janvier 1879.
(2) Art. 467.

tous les délits de presse, ceux même qui sont commis en matière électorale, sont portés devant un tribunal spécial : l'action pénale doit être, d'après l'article 44, intentée dans les huit jours de la publication de l'imprimé.

V.— Portugal.

Ce pays est le pays de liberté par excellence : les procès de presse sont inconnus : « il n'y a guère, dit M. Louis Ulbach (1), qu'aux époques d'agitation électorale que le ton se hausse, que la polémique s'aiguise et prend une allure d'animosité personnelle. Des duels signalent cette période : on vide entre soi le compte des diffamations et des calomnies ; on ne le porte pas devant les tribunaux ».

L'affiche comme en Angleterre est libre. Quant à la diffamation publique, lorsqu'elle est portée devant les tribunaux, elle rend son auteur punissable d'une peine correctionnelle jusqu'à quatre mois (art. 407, Code de 1886). La preuve de la vérité des imputations alléguées n'est pas admise, lorsque celles-ci sont dirigées contre un candidat aux fonctions électives. Si la diffamation n'est pas publique, la peine est la même jusqu'à deux mois (art. 412).

VI. — Italie.

La presse est régie en Italie par la loi du 26 mars 1848, modifiée par celle du 20 juin 1858.

(1) Article de M. Louis Ulbach, *Revue politique et littéraire*, 17 mai 1884, p. 637.

C'est un pays où règne la monarchie constitutionnelle; le pouvoir législatif appartient à deux Chambres : la Chambre des députés, qui est nommée par un suffrage presque universel ; le Sénat, dont les membres sont choisis par le roi.

L'affichage en général est libre (1), qu'il soit politique ou non politique.

Quant à la diffamation envers les particuliers, et dans cette catégorie il faut faire rentrer les candidats aux fonctions électives, elle est punie d'une peine de trois mois à trente mois de réclusion et d'une amende de 100 à 300 livres. Si le délit a été commis par la voie de l'écrit, la peine est la réclusion d'un à cinq ans et d'une amende de mille livres au moins (2).

La preuve des imputations diffamatoires en ce cas n'est pas admise.

Ces règles sont applicables en matière électorale.

VII. — Autriche-Hongrie.

Chacun peut en Autriche, d'après l'article 13 de la loi du 21 décembre 1867, exprimer librement sa pensée par la parole, l'écriture et la presse. Celle-ci est régie par la loi du 17 décembre 1862. Il n'y a aucune disposition spéciale à l'affiche électorale ; on doit donc s'en rapporter sur ce point aux dispositions du Code pénal (3).

(1) Loi du 20 mars 1865.
(2) Code pénal italien de 1889, art. 393.
(3) V. toutefois loi du 2 avril 1873 sur les élections au Reichsrath.

Quant à la diffamation ou plus spécialement au délit connu sous le nom générique de *Ehrenbeleidigung,* qui comprend toutes les atteintes à l'honneur (injures, calomnie, diffamation), il est soumis aux règles édictées par le Code pénal autrichien.

Remarquons cependant que toutes les atteintes à l'honneur d'autrui qui ne constituent que des contraventions, lorsqu'elles n'ont pas été commises par la voie de la presse, deviennent des délits par le fait même de ce genre de publicité, et sont punies d'une peine de six mois à un an.

Il en est de même à peu près de la législation hongroise à ce sujet (1).

VIII. — Suisse.

Le principe de la liberté de la presse est consacré dans ce pays par l'article 55 de la Constitution fédérale du 29 mai 1874. Cette constitution ne contient pas de dispositions spéciales à l'affichage et à la diffamation en matière électorale : pour ce dernier délit, les divers cantons de la Suisse en traitent dans leur code spécial ; il y a donc lieu de s'y reporter chaque fois qu'une question de diffamation doit être tranchée en matière électorale.

Le pouvoir législatif se compose de deux conseils : le Conseil national qui comprend les députés élus par suf-

(1) V. Code pénal hongrois du 29 mai 1878.

frage universel et le Conseil des États comprenant les
délégués des cantons (1).

IX. — Russie.

« L'empereur de toutes les Russies, dit l'article 1er du
Svod, est un souverain autocrate et absolu. Dieu com-
mande d'obéir à son pouvoir suprême, non seulement
par crainte, mais encore par devoir de conscience. »

La centralisation y est donc absolue. La question de
l'affichage et de la diffamation en matière électorale ne
pouvait se poser, tout pouvoir dépendant du Tsar qui
est chef du spirituel comme du temporel.

(1) Voir Stoos, Schweizer, *Strafgesetzbücher zür Vergleichung*. Bâle,
1890.

Vu :

Le Président de la thèse,
SALEILLES.

Vu :

Le Doyen,
L. GLASSON.

Vu et permis d'imprimer :

Le Vice-Recteur de l'Académie de Paris,
GRÉARD.

TABLE DES MATIÈRES

Imp. J. Thevenot, Saint-Dizier.